北京财经发展报告

北京财经指数

(2021~2022)

李向军　李姗姗　林光彬　闫昊生／著

社会科学文献出版社
SOCIAL SCIENCES ACADEMIC PRESS (CHINA)

前　言

《北京财经发展报告（2021~2022）》是中央财经大学财经研究院、北京市哲学社会科学研究基地——北京财经研究基地的品牌建设项目，受到北京市和学校一流学科建设资金的支持。本年度报告在前期研究的基础上，分析了北京财经发展的最新形势，对财政、金融支持实体经济发展的成效进行了综合评价，并对财政支持指数、金融支持指数和经济成效指数进行了深入剖析。横向对比分析了新冠病毒感染疫情冲击下北京、上海、深圳、广州和重庆五大城市财政金融协同支持实体经济发展的水平和实体经济发展成效，剖析识别了北京优势。

北京是国家金融管理中心，金融业是首都经济第一大支柱产业。"十四五"以来，北京着力推动数字经济标杆城市和国际科技创新中心建设。国际科技创新中心和国家金融管理中心是构建北京金融科技创新中心的双重优势。2021年以来，北京证券交易所开市运行、北京金融法院成立、资本市场金融科技创新试点在北京启动、《北京市"十四五"时期金融业发展规划》《关于推进北京全球财富管理中心建设的意见》印发等一系列大事件构建起了北京金融科技发展的"四梁八柱"。结合北京在世界城市网络的影响力和北京金融科技创新发展的实践需求，本年度报告中专题报告的主题为"全球金融科技发展格局与比较分析"，描绘了全球金融科技整体发展格局，对纽约、伦敦、巴黎和东京四大全球城市进行了深度的对比研究。

本年度报告由中央财经大学财经研究院院长、北京财经研究基地首席专家林光彬教授领衔团队集体完成。林光彬负责总体组织与书稿审定。北京财经指数项目组组长、北京财经研究基地研究员李向军统筹项目实施并负责主题选取、报告框架搭建、数据整理与校验、指标计算、报告总撰及出版策划等工作的落实与推进。北京财经研究基地研究员李姗姗具体负责提纲设计、报告撰写、专题研究、全文统稿等工作的落实与执行。北京财经研究基地研究员闫昊生具体负责分报告的撰写协调、统稿与修改。中央财经大学财经研究院 2021 级和 2022 级硕士研究生温鹏、刘雅欣、黄欣玫、常超峰、于孟琦、牛婧睿、张雨婷、孙茜、薛婧轩、隋瀚锐、查涵文、徐桥、陈晓明、赵凌志、朱宇锋、李雨珊、崔梓涵、刘孟丽、刘颖、周鹏、张美妍等参与了数据收集、资料整理及部分内容的文稿处理。中央财经大学统计与数学学院周凌瑶老师和中国农业大学经管学院李萌萌老师协助完成了数据自动化的优化工作。中国信息通信研究院政策与经济研究所任亮博士协助团队克服了国外资料的语言障碍，并参与了专题资料的收集和巴黎金融科技部分的撰写工作。我们对各位参与编撰的老师、技术支持老师以及所有参与的研究生表示衷心的感谢！

特别需要说明的是，由于受到了相关数据发布日程、统计口径调整以及人口普查数据更新等多方面的影响，本报告基于最新公布的统计数据，核查了历年数据，对 2019 年及之前历年涉及的基础数据进行整体修正，并同步更新修正了报告中历年各级指数指标的数据。

时逢党的二十大胜利召开，我国开启了全面建成社会主义现代化强国的新征程。作为日益走近世界舞台中央大国的首都，北京具有举足轻重的地位，对北京的研究需要秉承全球眼光、国际视野、全局观念。北京财经研究基地是北京市首批哲学社会科学研究基地，北京财经指数项目未来将继续深耕北京财经领域，服务北京"四个中心"建设，更加深入地研究北京财经重大问题，开展北京与全球城市的比较研究，发挥高校财经智库优势，凸显研究成果的"高校财经智库"特色，为北京财经发展提供实践分析、理论支撑和对策研究。

北京财经研究基地首席专家：林光彬
2022 年 11 月 8 日

目 录

第一章
北京财经指数发展情况分析

本章对 2020 年北京财经指数及其分项指数进行测度与分析，从分析结果可以看出，北京财经指数稳中有升，但近年来增速趋于稳定，反映了北京财经支持经济发展逐渐向稳的发展态势。北京财政支持分项指数的变动趋势表明，北京财政实力指数波动上升，财政支持力度指数大幅下降，财政可持续性指数有待提升，财政支持效度指数首次下降。北京金融支持分项指数的变动趋势表明，北京金融实力指数快速提升，金融支持力度指数显著上升，金融可持续性指数恢复性上升，金融支持效度指数稳中有升。北京经济成效分项指数的变动趋势表明，北京经济增长数量指数由升转降，增长质量指数持续提高，动能升级指数增幅缩小，对外开放指数延续下降趋势。

第一节　北京财经指数整体情况分析

北京财经指数（也称总指数）由影响北京经济发展的投入与产出的各类因素量化加权组成，用于描述财政支持、金融支持和经济成效对地方经济发展的影响。2014 ~ 2020 年，北京财经指数稳中有升，增速趋于稳定（见图 1 - 1）。2020 年，北京财经指数为 149.90，较基期增长 49.9%。2014 ~ 2020 年，北京财经指数平均每年上升 8.32，年均增长率为 6.98%。其中，2014 ~ 2015 年增速最快，为 13.05%，之后指数增长速度开始放缓。

2020 年的北京财经指数相比于 2019 年增幅较小，金融支持分项指数为总指数增长的主要动力，而财政支持分项指数与经济成效分项指数制约了总指数的增长。2020 年，北京财经指数相较于 2019 年的 143.29 增长 6.61，增幅为 4.61%，仅高于 2015 ~ 2016 年的 1.49%，为 2014 ~ 2020 年的第二小增幅。

图1-1　2014~2020年北京财经指数及构成

资料来源：依据财经指数模型计算，下同。

2020年，财政支持分项指数对北京财经指数的贡献值[①]为42.63，相较于2019年下降1.26，增幅为-2.87%，这是财政支持分项指数继2015~2016年之后的再次下降；金融支持分项指数对北京财经指数的贡献值为46.38，相较于2019年上升6.37，增幅为15.92%，仅次于2014~2015年的最大增幅，是总指数的主要增长动力；经济成效分项指数对北京财经指数的贡献值为60.88，相较于2019年上升1.49，增幅为2.51%，为2014~2020年的最小增幅。

第二节　北京财经指数结构变动分析

财政支持、金融支持和经济成效这三个分项指数作为财经指数的第二个层次，评价了财政支持、金融支持及地区自身发展实力和动力对经济发展的推动作用。这三个分项指数在评价体系中分别被赋予了30%、30%与40%的权重，对科学准确地构建财经指数发挥着不可或缺的作用。总体来看，财政支持分项指数对总指数的贡献度不断减小，而金融支持分项指数和经济成效分项指数的贡献度日益凸显。2020年，财政支持分项指数的贡献值为42.63，相较2019年增幅为-2.87%，贡献度为28%；金融支持分

---

① 贡献值=指标测评值×该指标权重。贡献度=（某一级指标贡献值/上一级指标测评值）×100%。

项指数的贡献值为 46.38，相较 2019 年增幅为 15.92%，贡献度为 31%；经济成效分项指数的贡献值为 60.88，相较 2019 年增幅为 2.52%，贡献度为 41%。2020 年北京财经指数三大分项指数的贡献度见图 1-2。

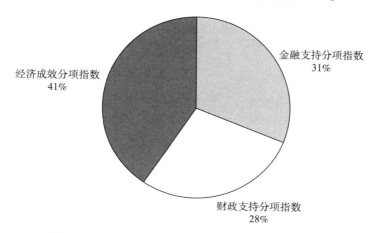

图 1-2　2020 年北京财经指数三大分项指数贡献度

2020 年财政支持分项指数对总指数的贡献值较 2014 年基期（30）增长了 12.63，增幅为 42.1%；较 2019 年（43.89）下降了 1.26，增幅为 -2.87%。2014~2020 年，财政支持分项指数贡献值的年均增幅①为 6.03%，整体趋于波动上升；财政支持分项指数对总指数的贡献度在 2015 年升至峰值 32.15% 后，开始呈波动下降趋势，到 2020 年降至 28.44%。

2020 年金融支持分项指数对总指数的贡献值较 2014 年基期（30）增长了 16.38，增幅为 54.6%；较 2019 年（40.01）增加了 6.37，增幅为 15.92%。2014~2020 年，金融支持分项指数贡献值的年均增幅为 7.53%，整体趋于快速上升；金融支持分项指数对总指数的贡献度在 2014~2019 年从 30.00% 降至 27.92%，但在 2020 年有所回升。

2020 年经济成效分项指数对总指数的贡献值较 2014 年基期（40）增长了 20.88，增幅为 52.2%；较 2019 年（59.39）增加了 1.49，增幅为 2.51%。2014~2020 年，经济成效分项指数贡献值的年均增幅为 7.25%，整体趋于

---

① 年均增长率计算的是首年和末年的指数平均数，年均增幅计算的是研究时段内每一年增长率的算术平均数。

稳定上升；经济成效分项指数对总指数的贡献度在 2015 年下降后呈波动回升趋势，2020 年贡献度为 40.61%。

2014~2020 年，北京财经指数三大分项指数的贡献值和贡献度分别见图 1-3、图 1-4。

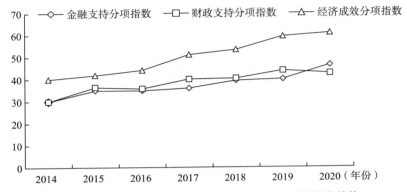

图 1-3　2014~2020 年北京财经指数三大分项指数贡献值

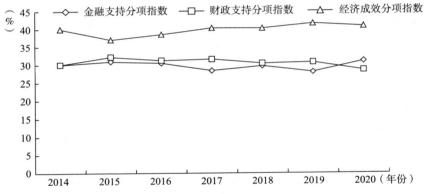

图 1-4　2014~2020 年北京财经指数三大分项指数贡献度

一　财政支持分项指数整体分析

（一）财政支持分项指数变动分析

2020 年，财政支持分项指数的贡献值较 2014 年基期（30）增长了 12.63，2014~2020 年财政支持分项指数贡献值的年均增幅为 6.03%，整体趋于波动上升。但 2020 年的贡献值较 2019 年（43.89）下降了 1.26，增幅为 -2.87%，这是财政支持分项指数继 2015~2016 年之后的再次下降。

财政支持分项指数的变化趋势在一定程度上受到 2020 年新冠病毒感染疫情的影响。结合 2019 年市级政府决算公开内容来看，政府保障对企业与个人的财政支持，并严格控制行政成本：中央下达北京市的直达资金共计 408.4 亿元，除按规定预留的 59.6 亿元特别抗疫国债资金，其余全部于当年下达并形成支出，5100 余家企业与 735 万人次受益。2020 年，北京全年新增减税降费超 2000 亿元，涉及地方级财政收入近 1800 亿元，维护了市场主体的稳定，支撑了市场的正常运行。与此同时，各部门深入贯彻落实中央八项规定精神，严格控制行政成本，2020 年市级"三公"经费财政拨款支出合计 3.4 亿元，比年初预算下降 53.7%。①

（二）财政支持分项指数构成分析

财政支持分项指数由财政实力、财政支持力度、财政可持续性、财政支持效度四个二级指数构成。这四个指数在评价体系中分别被赋予 30%、30%、20% 与 20% 的权重。2020 年，财政实力对财政支持分项指数的贡献值最高，为 65.60，贡献度为 46.16%；财政支持力度与财政支持效度对财政支持分项指数的贡献值次之，分别为 37.71 和 22.51，贡献度分别为 26.54% 和 15.84%；财政可持续性对财政支持分项指数的贡献值最低，为 16.28，贡献度为 11.46%（见图 1 - 5）。

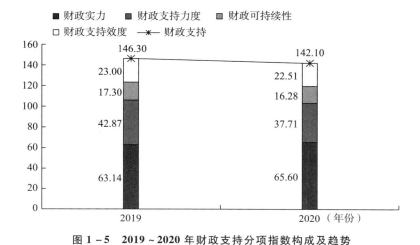

图 1 - 5 2019 ~ 2020 年财政支持分项指数构成及趋势

① 本部分数据来源于北京市财政局：《北京市 2020 年市级决算》，2021。

1. 财政实力指数波动上升

2020 年，财政实力测评值为 218.67，较基期 2014 年（100）增长 118.67%，较 2019 年（210.45）增长 3.91%，财政实力小幅上升（见图 1－6）。2014～2020 年，财政实力测评值的年均增幅为 13.93%。2020 年，北京市财政政策特别强调财政部门应对突发疫情的政策安排及预算执行特点：投入与疫情防控直接相关经费 124.4 亿元，并积极争取亚投行首笔对华主权贷款 14亿元，为疫情防控提供稳定的资金支持。财政实力数值的增长有着显著的大小年特征，在一年的大幅增长后次年会出现低增长乃至负增长现象，整体呈波动上升趋势。2020 年是财政实力增长的"小年"，财政实力的低增长让 2020 年财政实力的贡献度相较 2019 年仅上升 3 个百分点。

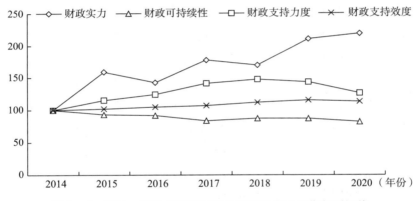

图 1－6　2014～2020 年财政支持分项指数各二级指数测评值

2. 财政支持力度指数大幅下降

2020 年，财政支持力度测评值为 125.70，较基期 2014 年（100）增长25.70%，较 2019 年（142.89）下降 12.03%。2014～2020 年，财政支持力度测评值的年均增幅为 3.89%。2020 年财政支持力度测评值延续了 2019 年的下降趋势且下降幅度比 2019 年（下降 2.86%）更大。财政支持力度指数的大幅下降使其贡献度下降，对财政支持分项指数的贡献变小。

3. 财政可持续性指数有待提升

2020 年，财政可持续性测评值为 81.41，较基期 2014 年（100）下降18.59%，较 2019 年（86.50）下降 5.88%。2014～2020 年，财政可持续性测评值的年均增幅为 - 3.37%，对经济的支持减弱。从 2014 年起，财政可持续性测评值就开始呈下降趋势，其值虽在 2018 年与 2019 年有所提升，但仍未回到基期水平。2020 年，财政可持续性未延续回升势头，测评值与贡献度均创历史新低。

4. 财政支持效度指数首次下降

2020 年，财政支持效度的测评值为 112.53，较基期 2014 年（100）增长 12.53%，较 2019 年（114.99）下降 2.14%，迎来该指标测评值自统计以来的首次下降。2014～2020 年，财政支持效度测评值的年均增幅为 1.99%。2014～2019 年，财政支持效度指数稳中上升，2020 年是 6 年来测评值的首次下降，但降幅不大。

财政支持分项指数各二级指数雷达图见图 1-7。

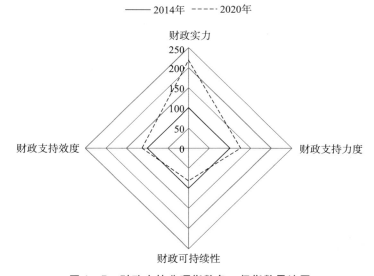

图 1-7　财政支持分项指数各二级指数雷达图

二　金融支持分项指数整体分析

（一）金融支持分项指数变动分析

2020 年，金融支持分项指数的贡献值较 2014 年基期（30）增长了 16.38，2014～2020 年贡献值的年均增幅为 7.53%，为三个分项指数中的最高平均增幅，整体趋于快速上升。2020 年，金融支持分项指数的贡献值较 2019 年（40.01）上升 6.37，增幅为 15.92%，仅次于 2014～2015 年的最大增幅，是总指数的主要增长动力。

金融支持实体经济发展主要体现在以下三个方面。首先，金融业总体运行情况良好，金融实力有所提升。2020 年，银行业发展整体稳健，存贷款保持平稳增长。银行业机构资产总额达到 28.6 万亿元，同比增长 9.1%。人民币存款余额同比增长 10.2%，人民币贷款余额同比增长 10.4%。新增贷款近九成投向实体企业，其中制造业中长期贷款余额和普惠小微贷款余额分别同比增长 58.9% 和 30.4%。证券、期货业发展整体平稳，证券业机构资产规模增长 28.2%，期货业机构资产规模增长 43.5%，北京地区沪深上市公司总市值达 15.2 万亿元。其次，社会融资规模增加，支持力度显著加大，金融创新步伐加快。2020 年，北京地区社会融资规模增加 1.7 万亿元，增加值较上年同期多 2029.9 亿元；发行防疫债 378.3 亿元，居全国首位；发行全国首单、规模最大的抗疫主题小微金融债 400 亿元。① 最后，金融业改革开放实现重大突破。北京持续推进"两区"——国家服务业扩大开放综合示范区和中国（北京）自由贸易试验区建设，实现跨境贸易和投融资便利化、本外币合一银行结算账户体系试点等 23 项试点政策落地。

（二）金融支持分项指数构成分析

金融支持分项指数由金融实力、金融支持力度、金融可持续性、金融支持效度四个二级指数构成。这四个指数在评价体系中分别被赋予 30%、30%、20% 与 20% 的权重。2020 年，金融实力对金融支持分项指数的贡献值最高，为 57.50，贡献度 37.19%；金融支持力度与金融支持效度对金融支持分项指数的贡献值次之，分别为 46.91 和 25.59，贡献度分别为 30.34% 和 16.55%；金融可持续性对金融支持分项指数的贡献值最低，为 24.61，贡献度为 15.92%（见图 1 - 8）。

1. 金融实力指数快速提升

2020 年，金融实力测评值为 191.67，较基期 2014 年（100）增长 91.67%，较 2019 年（166.70）增长 14.98%，表明金融实力提升（见图 1 - 9）。2014 ~ 2020 年，金融实力测评值的年均增幅为 11.45%。2014 ~ 2019 年，金融实

---

① 本部分数据来源于中国人民银行营业管理部货币政策分析小组：《北京市金融运行报告》，2021。

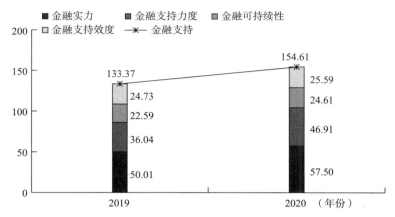

图 1-8　2019~2020 年金融支持分项指数构成及趋势

力测评值稳步增长，2020 年的增幅更是超越了 6 年平均增幅，仅次于 2015 年的 24.32%。金融实力指数的快速提升带动金融支持分项指数的快速增长，但 2020 年金融实力指数对金融支持分项指数的贡献度相较 2019 年没有太大变动。

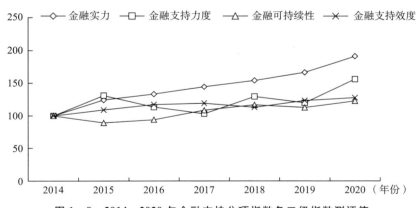

图 1-9　2014~2020 年金融支持分项指数各二级指数测评值

2. 金融支持力度指数显著上升

2020 年，金融支持力度测评值为 156.36，较基期 2014 年（100）增长 56.36%，较 2019 年（120.15）增长 30.14%，是 2019 年经济发展的重要支持力。2014~2020 年，金融支持力度测评值的年均增幅为 7.73%。金融支持力度测评值的起伏较大，在波动中呈上升趋势。2019 年金融支持力度指数的增幅为 -7.33%，2020 年的增幅较 2019 年上升了 37.47 个百分点，金融支持力度指数的显著上升使其成为金融支持分项指数增长的主要动力，贡献度相较 2019 年上升了 3.31 个百分点。

3. 金融可持续性指数恢复性上升

2020 年，金融可持续性测评值为 123.05，较基期 2014 年（100）增长 23.05%，较 2019 年（112.95）增长 8.94%，保持快速增长趋势。2014～2020 年，金融可持续性测评值的年均增幅为 3.52%。金融可持续性测评值在 2015 年出现负增长后开始进入上升通道，在 2017 年超越基期水平，在 2019 年小幅下滑后于 2020 年延续上升趋势，尽管 2020 年其对金融支持分项指数的贡献度为四个二级指数中最小，但可以看出存在很大的上升潜力。

4. 金融支持效度指数稳中有升

2020 年，金融支持效度测评值为 127.96，较基期 2014 年（100）增长 27.96%，较 2019 年（123.64）增长 3.49%。2014～2020 年，金融支持效度测评值的年均增幅为 4.19%。金融支持效度测评值除了在 2018 年出现下滑外，一直处于小幅上升趋势，且增速不断放缓。2020 年，其对金融支持分项指数的贡献度相较 2019 年下降 1.99 个百分点，为四个二级指数中贡献度下降最多的指数。

金融支持分项指数各二级指数雷达图见图 1－10。

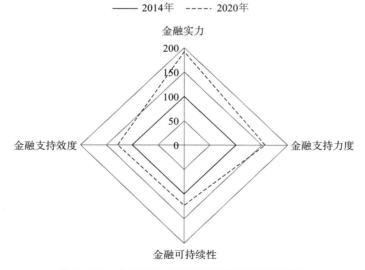

图 1－10　金融支持分项指数各二级指数雷达图

三　经济成效分项指数整体分析

（一）经济成效分项指数变动分析

2020 年，经济成效分项指数的贡献值较 2014 年基期（40）增长 20.88，2014～2020 年贡献值的年均增幅为 7.25%，略低于金融支持分项指数的年均增幅，整体增速放缓。2020 年的贡献值较 2019 年（59.39）增加 1.49，增幅为 2.51%，为 2014～2020 年的最小增幅。

经济成效的特点主要体现在以下四个方面。一是经济稳步回升，需求逐渐复苏。在投资方面，固定资产投资回升企稳，高新技术产业和民生领域的投资快速增长；在消费方面，社会消费品零售总额降幅逐季收窄，网上零售表现活跃。二是经济结构持续优化，供给侧结构性改革取得新进展。2020 年，三次产业构成为 0.3∶15.8∶83.9；都市农业逐步回暖；工业生产加速恢复，计算机、通信和其他电子设备制造业，医药制造业较快增长；第三产业韧性增强，信息、金融行业发挥主要带动作用。三是在动能升级方面，高端产业面对疫情仍保持发展态势，发展质效不断提升。2020 年，高技术产业和战略性新兴产业增加值同比分别增长 9.5% 和 9.2%，增加值占 GDP 的比重分别达 25.6% 和 24.8%。四是在对外开放方面，外贸整体较为低迷，部分行业出口增长。2020 年，北京地区进出口总值为 2.3 万亿元，同比下降 19.1%，但医疗物资、机电产品、高新技术产品等出口大幅增长。[①]

（二）经济成效分项指数构成分析

经济成效分项指数由增长数量、增长质量、动能升级、对外开放四个二级指数构成。这四个指数在评价体系中分别被赋予 20%、30%、30% 与 20% 的权重。2020 年，动能升级对经济成效分项指数的贡献值最高，为 57.57，贡献度为 37.82%；增长质量与对外开放对经济成效分项指数的贡献值次之，分别为 50.15 和 23.37，贡献度分别为 32.95% 和 15.36%；增长数量对经济成效分项指数的贡献值最低，为 21.12，贡献度为 13.88%（见图 1－11）。

[①] 本部分数据来源于中国人民银行营业管理部货币政策分析小组：《北京市金融运行报告》，2021。

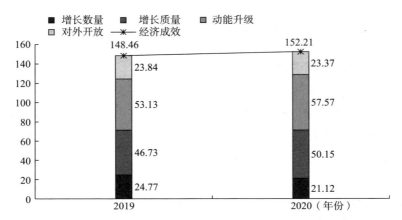

图 1 – 11　2019～2020 年经济成效分项指数构成及趋势

1. 增长数量指数由升转降

2020 年，增长数量的测评值为 105.60，较基期 2014 年（100）增长 5.60%，较 2019 年（123.85）下降 14.74%（见图 1 – 12）。2014～2020 年，增长数量测评值的年均增幅为 0.91%。2020 年，增长数量测评值出现 6 年来的首次下降，且降幅较大，测评值回到基期水平附近。2020 年，增长数量对经济成效分项指数的贡献度出现首次下降。

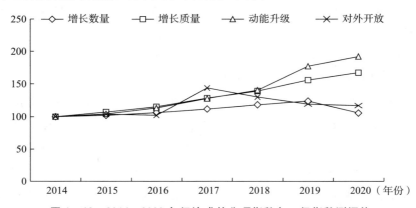

图 1 – 12　2014～2020 年经济成效分项指数各二级指数测评值

2. 增长质量指数持续提高

2020 年，增长质量测评值为 167.15，较基期 2014 年（100）增长 67.15%，较 2019 年（155.75）增长 7.32%，对经济保持了稳定支持。2014～2020 年，增长质量测评值的年均增幅为 8.94%。2014～2020 年，增长质量测评值一直处于上升通道，且增幅较为稳定。最高增幅为 2019 年的 12.07%，最低增幅为 2015 年的 7.09%，相差不到 5 个百分点。在贡献度方面，除了 2016 年出现小幅下降外，增长质量指数对经济成效分项指数的贡献度保持着较为稳定的提升。

3. 动能升级指数增幅缩小

2020 年，动能升级测评值为 191.90，较基期 2014 年（100）增长 91.90%，较 2019 年（177.08）增长 8.37%。2014～2020 年，动能升级测评值的年均增幅为 11.48%。2020 年动能升级测评值的增幅小于平均增幅，相较于 2019 年的增幅 26.21%，2020 年动能升级的增幅缩小。但动能升级仍是经济成效的主要增长动力，尽管增幅缩小，其贡献度相比 2019 年仍上升 2.04 个百分点。

4. 对外开放指数延续下降趋势

2020 年，对外开放测评值为 116.86，较基期 2014 年（100）增长 16.86%，较 2019 年（119.21）下降 1.97%，对经济的支持减弱。2014～2020 年，对外开放测评值的年均增幅为 2.63%。2017 年为对外开放测评值的转折点，测评值在 2017 年达到峰值 143.61，之后转入下行通道，数值逐年下滑。贡献度同样在 2017 年后不断下降，2020 年贡献度相比 2017 年下降 7.11 个百分点。

经济成效分项指数各二级指数雷达图见图 1－13。

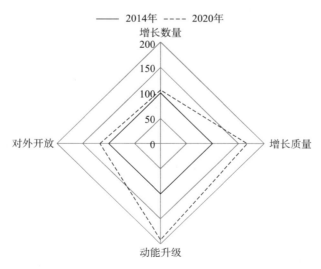

图 1－13 经济成效分项指数各二级指数雷达图

第二章
北京财经指数分项情况分析

本章对北京 2020 年财政支持分项指数中的财政实力、财政支持力度、财政可持续性和财政支持效度，金融支持分项指数中的金融实力、金融支持力度、金融可持续性和金融支持效度，经济成效分项指数中的增长数量、增长质量、动能升级和对外开放进行分析，探究北京财经指数增长的主要原因，以为推动北京经济高质量发展提供参考。

第一节　财政支持分项指数分析

本节对北京财政支持分项指数进行深入的分析，从分析结果来看，北京财政实力实现了提高。但一般公共预算收入指数略降，土地出让收入指数趋于稳定，债务收入指数持续上升，政府财力指数进入下降通道，导致北京财政支持力度的各项指数表现各异：一般公共预算总支出指数有所回升；公共性支出指数首次下降；经济性支出指数总体呈下降趋势；创新类支出指数在连续上升后出现骤降。从北京财政可持续性指数构成来看，土地出让收入占一般公共预算收入比重趋于稳定；税收收入占一般公共预算收入比重在波动下降后小幅上升；政府债务余额占 GDP 比重波动上升；一般公共预算收入与一般公共预算支出的比值在波动下降后略有上升，后由升转降。北京财政支持效度的各项指数表现差异较大：GDP 与一般公共预算总支出的比值先波动下降后持续上升；公共性支出占一般预算总支出比重在波动上升后出现明显下降；人均一般公共预算支出先波动上升后下降，而后又略有上升；R&D 支出占 GDP 比重波动上升。总体来看，北京市财政对实体经济的支持一方面体现在支持创新类活动和科技研发投入，另一方面是对公共服务领域的投入，且财政支持具有持续性和稳定性。

一　财政支持指数总体分析

2014～2020 年，北京财政支持分项指数在波动中上升，2020 年北京财政支持分项指数为 142.1，相较于 2014 年的 100 提升了 42.1%。在财政支持分项指数的四个构成指数中，财政实力指数增长最快，由 2019 年的 63.14 增长到 2020 年的 65.6，增长了 3.90%；财政支持力度指数的增长为负，由 2019 年的 42.87 下降到 2020 年的 37.71，增长了 -12.04%；财政可持续性指数的增长为负，由 2019 的 17.3 下降至 2020 年的 16.28，增长了 -5.90%；财政支持效度指数的增长为负，由 2019 年的 23 下降到 2020 年的 22.51，增长了 -2.13%（见图 2-1）。

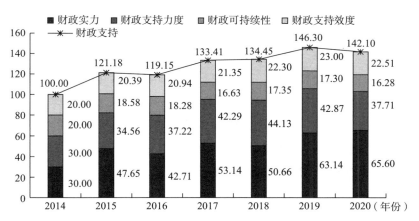

图 2-1　2014～2020 年北京财政支持分项指数构成及变动趋势
资料来源：依据财经指数模型计算，下同。

从各指数来看，2019 年，财政实力、财政支持力度、财政可持续性、财政支持效度四个指数对财政支持分项指数的贡献度分别为 43%、29%、12%、16%。2020 年，财政实力、财政支持力度、财政可持续性、财政支持效度四个指数对财政支持分项指数的贡献度分别为 46%、27%、11%、16%。2019～2020 年，财政实力对财政支持分项指数贡献度的变化最大，增长了 3 个百分点；财政支持力度的贡献度下降了 2 个百分点；财政可持续性的贡献度下降了 1 个百分点；财政支持效度的贡献度保持不变（见图 2-2）。

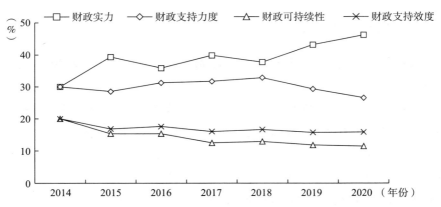

图 2-2　2014~2020 年北京财政支持分项指数各二级指数贡献度变动趋势

二　财政实力指数分析

财政实力指数由一般公共预算收入、土地出让收入、债务收入、政府财力四个三级指数加权合成。2020 年，财政实力指数达到 219，较 2014 年上升 119%，较 2019 年（210）上升 4.29%。从四项三级指数来看，一般公共预算收入指数略降，土地出让收入指数趋于稳定，债务收入指数持续上升，政府财力指数进入下降通道。

（一）一般公共预算收入指数略降

2020 年，北京市一般公共预算收入指数为 54，较 2019 年的 58 小幅下降 6.90%，较 2014 年基期的 40 上升了 35%（见图 2-3）。从一般公共预

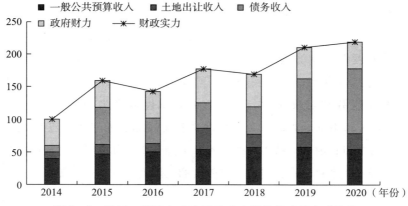

图 2-3　2014~2020 年北京财政实力指数构成及变动趋势

算收入测评值来看,2014~2020 年变动趋势较为平稳(见图 2-4)。2020年北京市一般公共预算收入测评值为 136,相比 2014 年增长 36%,但相较2019 年的测评值 144 下降了 5.56%(见图 2-5)。2020 年,一般公共预算收入对财政实力的贡献度为 24.66%,较 2019 年的贡献度下降了 2.95 个百分点,较 2014 年的贡献度下降了 15.34 个百分点(见图 2-6)。

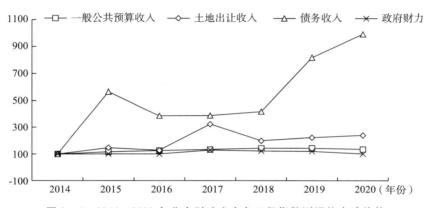

图 2-4 2014~2020 年北京财政实力各三级指数测评值变动趋势

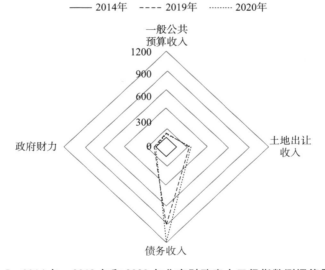

图 2-5 2014 年、2019 年和 2020 年北京财政实力三级指数测评值雷达图

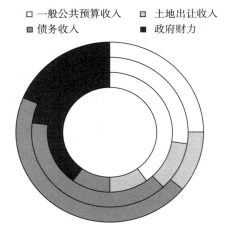

图 2 - 6　2014 年（内环）、2019 年（中环）和 2020 年（外环）
北京财政实力三级指数贡献度变化

（二）土地出让收入指数趋于稳定

2020 年，北京市土地出让收入指数为 24，较 2019 年的 22 略升 9.09%，
较 2014 年基期的 10 上升 140%。从土地出让收入测评值来看，2014~2020
年总体在波动中上升，2018 年以来趋于稳定。2020 年，土地出让收入测评
值为 240，较 2014 年上升 140%，较 2019 年稳步上升 7.62%。2020 年，土
地出让收入指数的贡献度为 10.95%，较 2019 年和 2014 年基期分别提高 5
个和 9.5 个百分点。

（三）债务收入指数持续上升

2020 年，北京市债务收入指数持续上升，达到 99，较 2019 年的 82 升高
20.7%，较 2014 年基期提高 8.9 倍。从债务收入测评值来看，2015 年有过迅
速增长，2019 年再次迅速增长，2019 年和 2020 年分别达到 820 和 993，分别
较上一年增长 95.58% 和 21.08%。2020 年，债务收入指数的贡献度上升到
45.41%，较 2019 年和 2014 年基期分别提高了 6.44 个和 35.41 个百分点①。

---

①　本书中各项分析数据的计算采用的是未经四舍五入的原始数据，如此处的债务收入指数贡
献度，通过 99.288888888889 除以 218.672618746689 计算得出，而行文中为了表述简便，
采用经过四舍五入的数据，采用原始数据与采用四舍五入数据计算得出的结果有一定差异。

（四）政府财力指数进入下降通道

2020 年，北京市政府财力指数进一步下降到 41，较 2019 年的 48 下降 14.58%，回落到 2015 年的水平。从政府财力测评值来看，其从 2018 年开始持续下降，2020 年进一步降至 102，较 2019 年下降 15.4%。2020 年，政府财力指数的贡献度降至 18.71%，较 2019 年下降 4.14 个百分点。

三　财政支持力度指数分析

财政支持力度指数由一般公共预算总支出、公共性支出、经济性支出、创新类支出四个三级指数加权合成。2020 年，财政支持力度指数达到 126，较 2014 年上升 26%，较 2019 年（143）下降 11.89%。从四项三级指数来看，一般公共预算总支出指数有所回升，公共性支出指数首次下降，经济性支出指数总体呈下降趋势，创新类支出指数在连续上升后出现骤降。

（一）一般公共预算总支出指数有所回升

2020 年，北京市一般公共预算总支出指数为 63，较 2019 年的 62 小幅升高 1.61%，较 2014 年基期的 40 上升了 57.5%（见图 2-7）。从一般公共预算总支出测评值来看，2014~2020 年变动趋势为波动上升（见图 2-8）。2020 年，北京市一般公共预算总支出测评值为 157，相比 2014 年增长 57%，相较 2019 年测评值 155 上升了 1.29%（见图 2-9）。2020 年，一般公共预算总支出对财政支持力度指数的贡献度为 50%，较 2019 年的贡献度上升

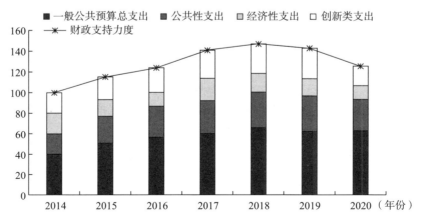

图 2-7　2014~2020 年北京财政支持力度指数构成及变动趋势

6.64 个百分点，较 2014 年的贡献度上升 10 个百分点（见图 2 - 10）。

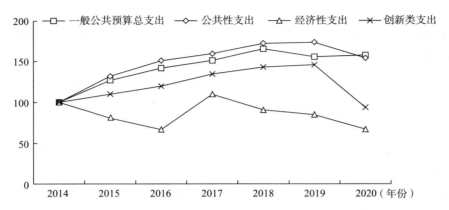

图 2 - 8　2014～2020 年北京财政支持力度各三级指数测评值变动趋势

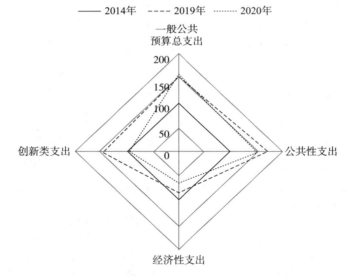

图 2 - 9　2014 年、2019 年和 2020 年北京财政支持力度三级指数测评值雷达图

□ 一般公共预算总支出 □ 公共性支出
■ 经济性支出 ■ 创新类支出

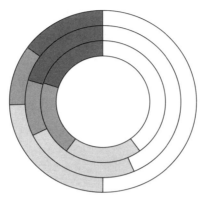

**图 2－10 2014 年（内环）、2019 年（中环）和 2020 年（外环）
北京财政支持力度三级指数贡献度变化**

（二）公共性支出指数首次下降

2020 年，北京市公共性支出指数为 31，较 2019 年的 35 下降 11.43%，较 2014 年基期的 20 上升了 55%。从公共性支出测评值来看，2014 ~ 2019 年变动趋势为持续上升，2020 年出现首次下降。2020 年，公共性支出测评值为 154，相比 2014 年增长 54%，相较 2019 年测评值 173 下降 10.98%。2020 年，公共性支出对财政支持力度指数的贡献度为 24.6%，较 2019 年的贡献度上升 0.12 个百分点，较 2014 年的贡献度上升 4.6 个百分点。

（三）经济性支出指数总体呈下降趋势

2020 年，北京市经济性支出指数为 13，较 2019 年的 17 下降 23.53%，较 2014 年基期的 20 下降 35%。从经济性支出测评值来看，除 2017 年外，其余年份测评值呈下降趋势。2020 年，经济性支出测评值为 67，相比 2014 年下降 33%，相比 2019 年测评值 85 下降 21.18%。2020 年，经济性支出对财政支持力度指数的贡献度为 10.32%，较 2019 年的贡献度下降 1.57 个百分点，较 2014 年的贡献度下降 9.68 个百分点。

（四）创新类支出指数在连续上升后出现骤降

2020 年，北京市创新类支出指数为 19，较 2019 年的 29 下降 34.48%，较 2014 年基期的 20 下降了 5%。从创新类支出测评值来看，2014 ~ 2019 年变动趋势为持续上升，2020年出现骤降。2020年，创新类支出测评值为93，相比2014年下降7%，相较2019年测评值146下降36.30%。2020年，创新类支出对财政支持力度指数的贡献度为15.08%，较2019年的贡献度下降5.20个百分点，较2014年的贡献度下降4.92个百分点。

2020年北京市创新类支出骤降是由于2020年北京市科学技术支出执行数为64013.87万元，比年初预算减少3457.26万元，下降5.12%[①]，这主要是由于受新冠肺炎疫情影响，部分项目无法执行，同时，落实"过紧日子"的要求，厉行节约，压缩一般性支出。

四 财政可持续性指数分析

财政可持续性指数由土地出让收入占一般公共预算收入比重、税收收入占一般公共预算收入比重、政府债务余额占GDP比重、一般公共预算收入与一般公共预算总支出的比值四个三级指数加权合成。2020年，财政可持续性指数达到107，较2014年上升7%，较2019年（102）上升4.9%。从四项三级指数来看，土地出让收入占一般公共预算收入比重趋于稳定，税收收入占一般公共预算收入比重在波动下降后小幅上升，政府债务余额占GDP比重波动上升，一般公共预算收入与一般公共预算总支出的比值在波动下降后略有上升，后由升转降。

（一）土地出让收入占一般公共预算收入比重趋于稳定

2020年，北京市土地出让收入占一般公共预算收入比重指数为26，较2019年的23升高13.04%，较2014年基期的15上升了73.33%（见图2-11）。从土地出让收入占一般公共预算收入比重测评值来看，2014~2020年变动趋势为先波动上升后趋于稳定（见图2-12）。2020年，北京市土地出让收入占一般公共预算收入比重测评值为176，相比2014年增长76%，相较2019年测评值155上升13.55%（见图2-13）。2020年，土地出让收入占一般公共预算收入比重对财政可持续性指数的贡献度为24.3%，较2019年的贡献度上升1.75个百分点，较2014年的贡献度上升9.3个百分点（见图2-14）。

---

① 北京市财政局：《关于北京市2020年预算执行情况和2021年预算的报告》。

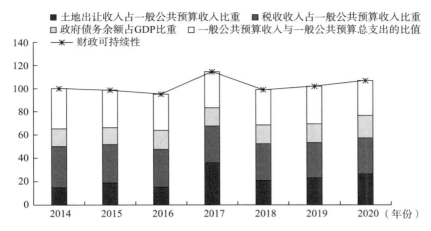

图 2 – 11 2014～2020 年北京财政可持续性指数构成及变动趋势

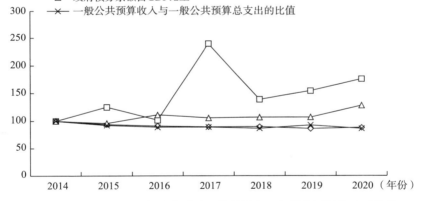

图 2 – 12 2014～2020 年北京财政可持续性各三级指数测评值变动趋势

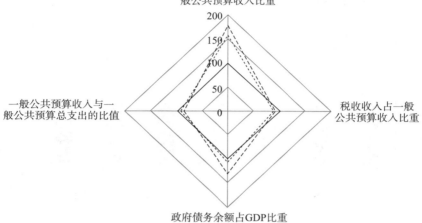

图2-13 2014年、2019年和2020年北京财政可持续性三级指数测评值雷达图

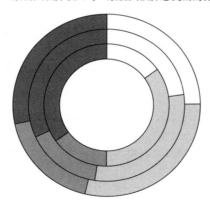

**图2-14 2014年（内环）、2019年（中环）和2020年（外环）
北京财政可持续性三级指数贡献度变化**

（二）税收收入占一般公共预算收入比重在波动下降后小幅上升

2020 年，北京市税收收入占一般公共预算收入比重指数为 31，较 2019 年的 30 小幅升高 3.33%，较 2014 年基期的 35 下降 11.43%。从税收收入占一般公共预算收入比重测评值来看，2014～2020 年变动趋势为先波动下降，后于 2020 年小幅上升。2020 年，北京市税收收入占一般公共预算收入比重测评值为 88，相比 2014 年下降 12%，相较 2019 年测评值 86 上升 2.33%。2020 年，税收收入占一般公共预算收入比重对财政可持续性指数的贡献度为 28.97%，较 2019 年的贡献度下降 0.44 个百分点，较 2014 年贡献度下降 6.03 个百分点。

（三）政府债务余额占 GDP 比重波动上升

2020 年，北京市政府债务余额占 GDP 比重指数为 19，较 2019 年的 16 升高 18.75%，较 2014 年基期的 15 上升 26.67%。从政府债务余额占 GDP 比重测评值来看，2014～2020 年变动趋势为波动上升。2020 年，北京市政府债务余额占 GDP 比重测评值为 128，相比 2014 年上升 28%，相较 2019 年测评值 107 上升 19.63%。2020 年，政府债务余额占 GDP 比重对财政可持续性指数的贡献度为 17.76%，较 2019 年的贡献度上升 2.07 个百分点，较 2014 年的贡献度上升 2.76 个百分点。

（四）一般公共预算收入与一般公共预算总支出的比值在波动下降后略有上升，后由升转降

2020 年，北京市一般公共预算收入与一般公共预算总支出的比值指数为 30，较 2019 年的 33 下降 9.09%，较 2014 年基期的 35 下降 14.29%。从一般公共预算收入与一般公共预算总支出的比值测评值来看，2014～2020 年变动趋势为：2014～2018 年波动下降，2019 年上升，2020 年由升转降。2020 年，北京市一般公共预算收入与一般公共预算总支出的比值测评值为 87，相比 2014 年下降 13%，相较 2019 年测评值 93 下降 6.45%。2020 年，一般公共预算收入与一般公共预算总支出的比值对财政可持续性指数的贡献度为 28.04%，较 2019 年的贡献度下降 4.31 个百分点，较 2014 年的贡献度下降 6.96 个百分点。

五　财政支持效度指数分析

财政支持效度指数由 GDP 与一般公共预算总支出的比值、公共性支出占一般预算总支出比重、人均一般公共预算支出、R&D 支出占 GDP 比重四个三级指数加权合成。2020 年，财政支持效度指数达到 113，较 2014 年上升 13%，较 2019 年（115）下降 1.74%。从四项三级指数来看，GDP 与一般公共预算总支出的比值先波动下降后持续上升，公共性支出占一般预算总支出比重在波动上升后出现明显下降，人均一般公共预算支出先波动上升后下降，而后又略有上升，R&D 支出占 GDP 比重波动上升。

（一）GDP 与一般公共预算总支出的比值先波动下降后持续上升

2020 年，北京市 GDP 与一般公共预算总支出的比值指数为 31，较 2019 年的 31 保持不变，较 2014 年基期的 30 上升 3.33%（见图 2－15）。从 GDP 与一般公共预算总支出的比值测评值来看，2014～2020 年变动趋势为先波动下降后持续上升（见图 2－16）。2020 年，北京市 GDP 与一般公共预算总支出的比值测评值为 105，相比 2014 年增长 5%，相较 2019 年测评值 104 上升 0.96%（见图 2－17）。2020 年，GDP 与一般公共预算总支出的比值对财政支持效度指数的贡献度为 27.43%，较 2019 年的贡献度上升 0.47 个百分点，较 2014 年的贡献度下降 2.57 个百分点（见图 2－18）。

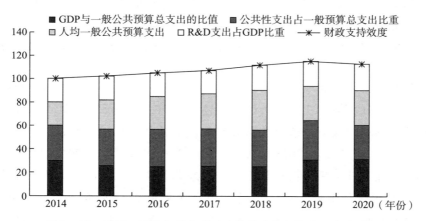

图 2－15　2014～2020 年北京财政支持效度指数构成及变动趋势

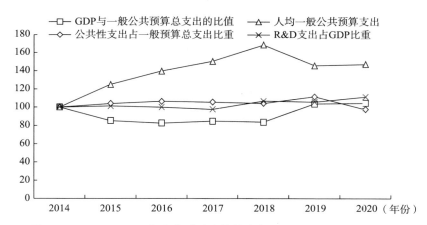

图 2 - 16　2014～2020 年北京财政支持效度各三级指数测评值变动趋势

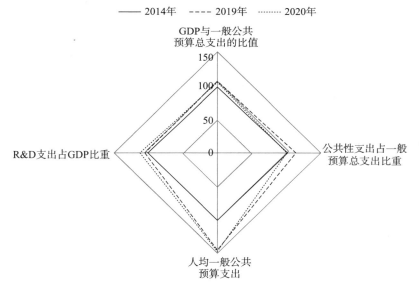

图 2 - 17　2014 年、2019 年和 2020 年北京财政支持效度三级指数测评值雷达图

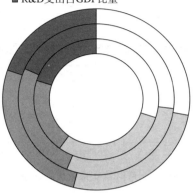

□ GDP与一般公共预算总支出的比值
□ 公共性支出占一般预算总支出比重
▨ 人均一般公共预算支出
■ R&D支出占GDP比重

**图 2 - 18 2014 年（内环）、2019 年（中环）和 2020 年（外环）
北京财政支持效度三级指数贡献度变化**

（二）公共性支出占一般预算总支出比重在波动上升后出现明显下降

2020 年，北京市公共性支出占一般预算总支出比重指数为 29，较 2019 年的 33 下降 12.12%，较 2014 年基期的 30 下降 3.33%。从公共性支出占一般预算总支出的比重测评值来看，2014~2020 年变动趋势为波动上升后于 2020 年出现明显下降。2020 年，北京市公共性支出占一般预算总支出比重的测评值为 98，相比 2014 年下降 2%，相较 2019 年测评值 112 下降 12.5%。2020 年，公共性支出占一般预算总支出比重对财政支持效度指数的贡献度为 25.66%，较 2019 年的贡献度下降 3.04 个百分点，较 2014 年的贡献度下降 4.34 个百分点。

公共性支出占一般预算总支出比重的变动可由公共性支出与一般预算总支出的变动趋势解释，2020 年测评值出现下降是由于突发新冠病毒感染疫情，北京市政府为落实"过紧日子"要求，厉行节约，适当压缩公共性支出。

（三）人均一般公共预算支出先波动上升后下降，而后又略有上升

2020 年，北京市人均一般公共预算支出指数为 30，较 2019 年的 29 上升 3.45%，较 2014 年基期的 20 上升 50%。从人均一般公共预算支出测评值来看，2014~2020 年变动趋势为先波动上升，2019 年出现下降后于 2020

年小幅上升。2020 年，北京市人均一般公共预算总支出测评值为 148，相比 2014 年上升 48%，相较 2019 年测评值 146 上升 1.37%。2020 年，人均一般公共预算支出对财政支持效度指数的贡献度为 26.55%，较 2019 年的贡献度上升 1.33 个百分点，较 2014 年的贡献度上升 6.55 个百分点。

（四）R&D 支出占 GDP 比重波动上升

2020 年，北京市 R&D 支出占 GDP 比重指数为 22，较 2019 年的 21 上升 4.76%，较 2014 年基期的 20 上升 10%。从 R&D 支出占 GDF 比重测评值来看，2014～2020 年变动趋势为波动上升。2020 年，北京市 R&D 支出占 GDP 比重的测评值为 111，相比 2014 年上升 11%，相较 2019 年测评值 106 上升 4.72%。2020 年，R&D 占 GDP 比重对财政支持效度指数的贡献度为 19.47%，较 2019 年的贡献度上升 1.21 个百分点，较 2014 年的贡献度下降 0.53 个百分点。

第二节　金融支持分项指数分析

本节主要对 2014～2020 年北京金融支持分项指数的构成和变动进行分析。2014～2020 年北京金融支持指数稳步增长，增长率为 54.61%。从金融支持分项指数内部结构来看，2014～2020 年金融实力指数平稳上升，增长 92%，体现在各项存款余额指数持续提高，金融机构资产总额指数保持上升趋势，金融机构法人数量指数总体呈跳跃式上升趋势，上市公司数量指数持续攀升；金融支持力度指数在波动中上升，增长 56%，体现在社会融资规模增量指数回升，新增贷款指数由降转升，新增债券融资指数创新高，新增股票融资指数触底反弹；金融可持续性指数在小幅下降后上升，增长 29%，体现在各项贷款余额与各项存款余额的比值指数保持稳定，各项贷款余额占 GDP 比重指数有所上升，金融业增加值指数持续上升，不良贷款率指数得到有效控制；金融支持效度指数较为平稳地上升，增长 28%，体现在金融业增加值占 GDP 比重指数持续上升，人均新增贷款指数回升，企业存款占各项存款余额比重指数有待提高，技术合同成交额与新增贷款的比值指数有所降低。其中，金融实力指数增长最为显著，是推动金融支持指数增长的主要原因。

一 金融支持指数总体分析

北京金融支持指数对应的二级指数为金融实力、金融支持力度、金融可持续性、金融支持效度四个指数。2014～2020 年，北京金融支持指数总体呈平稳上升态势，2020 年北京金融支持指数为 154.61，相较于 2014 年的 100 提升 54.61%（见图 2-19）。在金融指数的四个构成指数中，金融实力指数由 2019 年的 50.01 增长到 2020 年的 57.50，增长率达 14.98%；金融支持力度指数由 2019 年的 36.04 增长到 2020 年的 46.91，增长率达 30.16%；金融可持续性指数由 2019 年的 22.59 增长到 2020 年的 24.61，增长率为 8.94%；金融支持效度指数由 2019 年的 24.73 增长到 2020 年的 25.59，增长率为 3.48%。

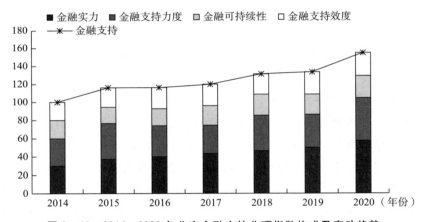

图 2-19　2014～2020 年北京金融支持分项指数构成及变动趋势

从分项指数来看，2019 年，金融实力、金融支持力度、金融可持续性、金融支持效度四个指数对金融支持指数的贡献度分别为 37%、27%、17%、19%。2020 年，金融实力、金融支持力度、金融可持续性、金融支持效度四个指数对金融支持指数的贡献度分别为 37%、30%、16%、17%。其中，金融支持力度对金融支持分项指数的贡献度变化最大，增长 3 个百分点；金融可持续性的贡献度下降 1 个百分点；金融支持效度的贡献度下降 2 个百分点；金融实力的贡献度保持不变（见图 2-20）。

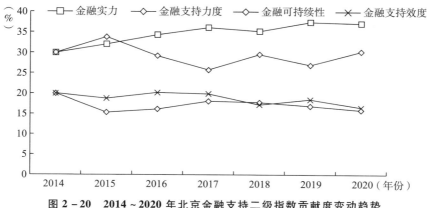

图 2-20 2014~2020 年北京金融支持二级指数贡献度变动趋势

二 金融实力指数分析

金融实力指数由各项存款余额、金融机构资产总额、金融机构法人数量、上市公司数量四个三级指数加权合成。2020 年，金融实力指数达到 192，较 2014 年上升 92%，较 2019 年（167）上升 14.97%。从四项三级指数来看，各项存款余额指数持续提高，金融机构资产总额指数保持上升趋势，金融机构法人数量指数总体呈跳跃式上升趋势，上市公司数量指数持续攀升。

（一）各项存款余额指数持续提高

2020 年，北京市各项存款余额指数为 56，较 2019 年的 51 上升 9.8%，较 2014 年基期的 30 上升 86.67%（见图 2-21）。从各项存款余额测评值来

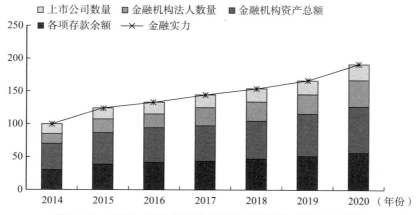

图 2-21 2014~2020 年北京金融实力指数构成及变动趋势

看，2014~2020年变动趋势为稳步上升（见图2-22）。2020年，北京市各项存款余额测评值为188，相比2014年增长88%，相较2019年测评值171上升9.94%（见图2-23）。2020年，各项存款余额对金融实力指数的贡献度为29.17%，较2019年的贡献度下降1.37个百分点，较2014年的贡献度下降0.83个百分点（见图2-24）。

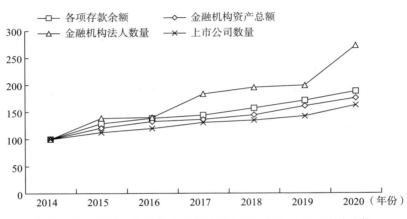

图2-22 2014~2020年北京金融实力三级指数测评值变动趋势

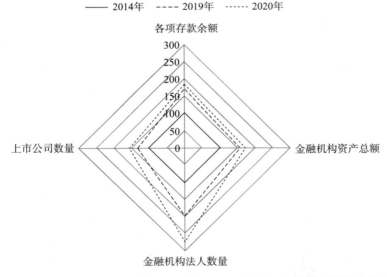

图2-23 2014年、2019年和2020年北京金融实力三级指数测评值雷达图

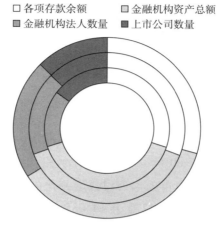

□ 各项存款余额   □ 金融机构资产总额
□ 金融机构法人数量   ■ 上市公司数量

图 2 - 24 2014 年（内环）、2019 年（中环）和 2020 年（外环）
北京金融实力三级指数贡献度变化

（二）金融机构资产总额指数保持上升趋势

2020 年，北京市金融机构资产总额指数为 70，较 2019 年的 64 上升 9.38%，较 2014 年基期的 40 上升 75%。从金融机构资产总额测评值来看，2014～2020 年保持上升趋势。2020 年，北京市金融机构资产总额测评值为 175，相比 2014 年增长 75%，相较 2019 年测评值 161 上升 8.7%。2020 年，金融机构资产总额对金融实力指数的贡献度为 36.46%，较 2019 年的贡献度下降 1.86 个百分点，较 2014 年的贡献度下降 3.54 个百分点。

（三）金融机构法人数量指数总体呈跳跃式上升趋势

2020 年，北京市金融机构法人数量指数为 41，较 2019 年的 30 上升 36.67%，较 2014 年基期的 15 上升 173.33%。从金融机构法人数量测评值来看，2014～2020 年总体呈跳跃式上升趋势。2020 年，北京市金融机构法人数量测评值为 272，相比 2014 年增长 172%，相较 2019 年测评值 199 上升 36.68%。2020 年，金融机构法人数量对金融实力指数的贡献度为 21.35%，较 2019 年的贡献度上升 3.39 个百分点，较 2014 年的贡献度上升 6.35 个百分点。

2020 年 7 月，国家出台了《关于进一步优化营商环境更好服务市场主体的实施意见》，从持续提升投资建设便利度、进一步简化企业生产经营审批条件、优化外贸外资企业经营环境、进一步降低就业创业门槛、提升涉企服务质量和效率、完善优化营商环境长效机制六大方面，提出需要进一步采取改革的办法破解企业生产经营中的堵点、痛点，强化为市场主体服务，加快打造市场化、法治化、国际化营商环境，这可能是2020年金融机构法人数量指数骤升的主要原因。

（四）上市公司数量指数持续攀升

2020年，北京市上市公司数量指数为24，较2019年的21上升14.29%，较2014年基期的15上升60%。从上市公司数量测评值来看，2014~2020年持续攀升。2020年，北京市上市公司数量测评值为162，相比2014年增长62%，相较2019年测评值142上升14.08%。2020年，上市公司数量对金融实力指数的贡献度为12.5%，较2019年的贡献度下降0.07个百分点，较2014年的贡献度下降2.5个百分点。

三 金融支持力度指数分析

金融支持力度指数由社会融资规模增量、新增贷款、新增债券融资、新增股票融资四个三级指数加权合成。2020年，金融支持力度指数达到156，较2014年上升56%，较2019年（120）上升30%。从四项三级指数来看，社会融资规模增量指数回升，新增贷款指数由降转升，新增债券融资指数创新高，新增股票融资指数触底反弹。

（一）社会融资规模增量指数回升

2020年，北京市社会融资规模增量指数为40，较2019年的34上升17.65%，较2014年基期的30上升33.33%（见图2-25）。从社会融资规模增量测评值来看，2014~2020年总体保持震荡趋势，2020年出现回升（见图2-26）。2020年，北京市社会融资规模增量测评值为132，相比2014年增长32%，相较2019年测评值114上升15.79%（见图2-27）。2020年，社会融资规模增量对金融支持力度指数的贡献度为25.64%，较2019年的贡献度下降2.69个百分点，较2014年的贡献度下降4.36个百分点（见图2-28）。

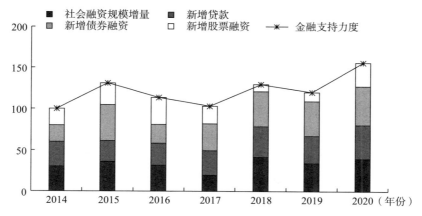

图 2 - 25　2014～2020 年北京金融支持力度指数构成及变动趋势

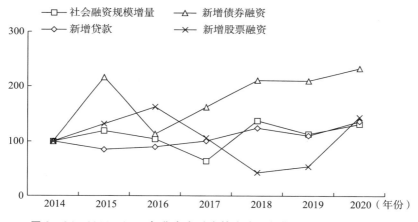

图 2 - 26　2014～2020 年北京金融支持力度三级指数测评值变动趋势

（二）新增贷款指数由降转升

2020 年，北京市新增贷款指数为 41，较 2019 年的 33 上升 24.24%，较 2014 年基期的 30 上升 36.67%。从新增贷款测评值来看，在 2014～2020 年期间，于 2015 年和 2019 年两次出现下降，2020 年由降转升。2020 年，北京市新增贷款测评值为 137，相比 2014 年增长 37%，相较 2019 年测评值 111 上升 23.42%。2020 年，新增贷款对金融支持力度指数的贡献度为 26.28%，较 2019 年的贡献度下降 1.22 个百分点，较 2014 年的贡献度下降 3.72 个百分点。

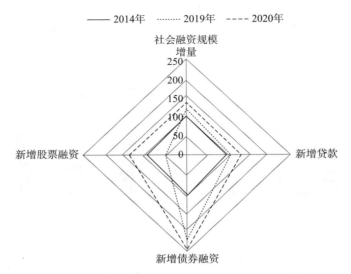

—— 2014年 ⋯⋯ 2019年 ---- 2020年

图 2 – 27 2014 年、2019 年和 2020 年北京金融支持力度三级指数测评值雷达图

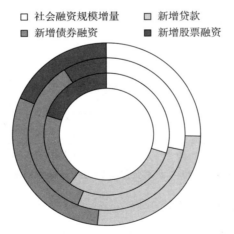

□ 社会融资规模增量   ▨ 新增贷款
■ 新增债券融资   ■ 新增股票融资

**图 2 – 28 2014 年（内环）、2019 年（中环）和 2020 年（外环）
北京金融支持力度三级指数贡献度变化**

（三）新增债券融资指数创新高

2020 年，北京市新增债券融资指数为 47，较 2019 年的 42 上升 11.9%，较 2014 年基期的 20 上升 135%。从新增债券融资测评值来看，2014 ~ 2020 年总体呈波动上升趋势，2020 年测评值创新高。2020 年，北京市新增债券融资测评值为 233，相比 2014 年增长 133%，相较 2019 年测评值 210 上升 10.95%。2020 年，新增债券融资对金融支持力度指数的贡献度为 30.13%，较 2019 年的贡献度下降 4.87 个百分点，较 2014 年的贡献度上升 10.13 个百分点。

（四）新增股票融资指数触底反弹

2020 年，北京市新增股票融资指数为 29，较 2019 年的 11 上升 163.64%，较 2014 年基期的 20 上升 45%。从新增股票融资测评值来看，2014～2019 年总体呈波动下降趋势，2020 年触底反弹。2020 年，北京市新增股票融资测评值为 145，相比 2014 年增长 45%，相较 2019 年测评值 54 上升 168.52%。2020 年，新增股票融资对金融支持力度指数的贡献度为 18.59%，较 2019 年的贡献度上升 9.42 个百分点，较 2014 年的贡献度下降 1.41 个百分点。

2020 年 6 月 12 日，证监会发布了《创业板首次公开发行股票注册管理办法（试行）》《创业板上市公司证券发行注册管理办法（试行）》《创业板上市公司持续监管办法（试行）》《证券发行上市保荐业务管理办法》，标志着我国资本市场中创业板证券发行由审核制向注册制改革，在一定程度上缓解了企业融资压力，激发了市场主体的活力，这可能是 2020 年新增股票融资指数大幅回升反弹的原因之一。

四　金融可持续性指数分析

金融可持续性指数由各项贷款余额与各项存款余额的比值、各项贷款余额占 GDP 比重、金融业增加值、不良贷款率四个三级指数加权合成。2020 年，金融可持续性指数达到 129，较 2014 年上升 29%，较 2019 年（119）上升 8.4%。从四项三级指数来看，各项贷款余额与各项存款余额的比值指数保持稳定，各项贷款余额占 GDP 比重指数有所上升，金融业增加值指数持续上升，不良贷款率指数得到有效控制。

（一）各项贷款余额与各项存款余额的比值指数保持稳定

2020 年，北京市各项贷款余额与各项存款余额的比值指数为 17，较 2019 年的 17 保持不变，较 2014 年基期的 20 下降 15%（见图 2-29）。从各项贷款余额与各项存款余额的比值测评值来看，2014～2018 年总体呈下降趋势，2018 年后保持稳定（见图 2-30）。2020 年，北京市各项贷款余额与各项存款余额的比值测评值为84，相比2014年下降16%，相较2019年测评值84保持不变（见图2-31）。2020年，各项贷款余额与各项存款余额的比值对金融可持续性指数的贡献度为13.18%，较2019年的贡献度下降1.11个百分点，较2014年的贡献度下降6.82个百分点（见图2-32）。

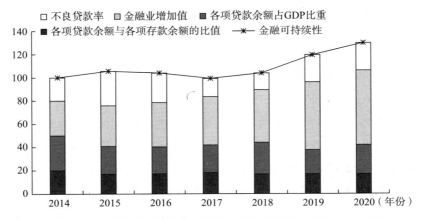

图 2 - 29   2014 ~ 2020 年北京金融可持续性指数构成及变动趋势

图 2 - 30   2014 ~ 2020 年北京金融可持续性三级指数测评值变动趋势

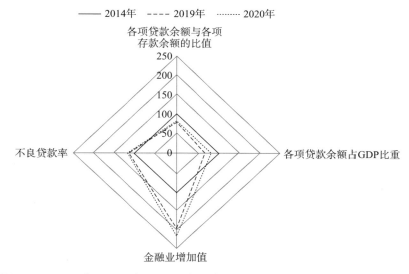

图 2 - 31 2014 年、2019 年和 2020 年北京金融可持续性三级指数测评值雷达图

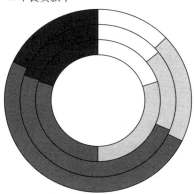

图 2 - 32 2014 年（内环）、2019 年（中环）和 2020 年（外环）
北京金融可持续性三级指数贡献度变化对比

（二）各项贷款余额占 GDP 比重指数有所上升

2020 年，北京市各项贷款余额占 GDP 比重指数为 25，较 2019 年的 21
上升 19.05%，较 2014 年基期的 30 下降 16.67%。从各项贷款余额占 GDP

比重测评值来看，2014~2019年总体呈波动下降趋势，2020年上升。2020年，北京市各项贷款余额占GDP比重测评值为83，相比2014年下降17%，相较2019年测评值69上升20.29%。2020年，各项贷款余额占GDP比重对金融可持续性指数的贡献度为19.38%，较2019年的贡献度上升1.73个百分点，较2014年的贡献度下降10.62个百分点。

（三）金融业增加值指数持续上升

2020年，北京市金融业增加值指数为64，较2019年的58上升10.34%，较2014年基期的30上升113.33%。从金融业增加值测评值来看，2014~2020年呈持续上升趋势。2020年，北京市金融业增加值测评值为214，相比2014年上升114%，相较2019年测评值195上升9.74%。2020年，金融业增加值对金融可持续性指数的贡献度为49.61%，较2019年的贡献度上升0.87个百分点，较2014年的贡献度上升19.61个百分点。

（四）不良贷款率指数得到有效控制

2020年，北京市不良贷款率指数为23，较2019年的23保持不变，较2014年基期的20上升15%。从不良贷款率测评值来看，2014~2018年总体呈下降趋势，2019年上升后2020年保持不变。2020年，北京市不良贷款率测评值为117，相比2014年上升17%，相较2019年测评值117保持不变。2020年，不良贷款率对金融可持续性指数的贡献度为17.83%，较2019年的贡献度下降1.50个百分点，较2014年的贡献度下降2.17个百分点。

五 金融支持效度指数分析

金融支持效度指数由金融业增加值占GDP比重、人均新增贷款、企业存款占各项存款余额比重、技术合同成交额与新增贷款的比值四个三级指数加权合成。2020年，金融支持效度指数达到128，较2014年上升28%，较2019年（124）上升3.23%。从四项三级指数来看，金融业增加值占GDP比重指数持续上升，人均新增贷款指数回升，企业存款占各项存款余额比重指数有待提高，技术合同成交额与新增贷款的比值指数有所降低。

（一）金融业增加值占GDP比重指数持续上升

2020年，北京市金融业增加值占GDP比重指数为26，较2019年的24上升8.33%，较2014年基期的20上升30%（见图2-33）。从金融业增加值占 GDP 比重测评值来看，2014 ~ 2020 年呈持续上升趋势（见图 2 - 34）。2020 年，北京市金融业增加值占 GDP 比重测评值为 130，相比 2014 年上升 30%，相较 2019 年测评值 121 上升 7.44%（见图 2 - 35）。2020 年，金融业增加值占 GDP 比重对金融支持效度指数的贡献度为 20.31%，较 2019 年的贡献度上升 0.96 个百分点，较 2014 年的贡献度上升 0.31 个百分点（见图 2 - 36）。

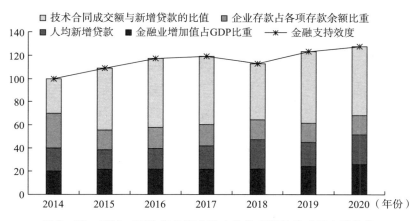

图 2 - 33　2014 ~ 2020 年北京金融支持效度指数构成及变动趋势

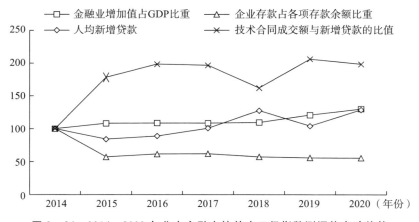

图 2 - 34　2014 ~ 2020 年北京金融支持效度三级指数测评值变动趋势

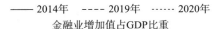

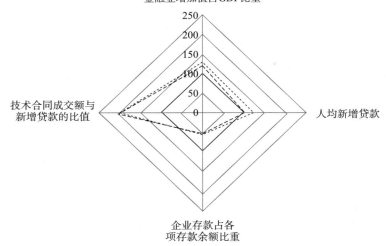

图 2－35　2014 年、2019 年和 2020 年北京金融支持效度三级指数测评值雷达图

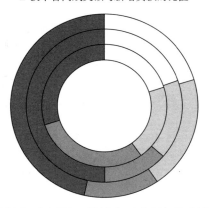

图 2－36　2014 年（内环）、2019 年（中环）和 2020 年（外环）
北京金融支持效度三级指数贡献度变化

（二）人均新增贷款指数回升

2020 年，北京市人均新增贷款指数为 26，较 2019 年的 21 上升 23.81%，较 2014 年基期的 20 上升 30%。从人均新增贷款测评值来看，2014~2019 年保持震荡趋势，2020 年有所回升。2020 年，北京市人均新增贷款测评值为129，相比 2014 年上升 29%，相较 2019 年测评值 104 上升 24.04%。2020 年，人均新增贷款对金融支持效度指数的贡献度为 20.31%，较 2019 年的贡献度上升 3.37 个百分点，较 2014 年的贡献度上升 0.31 个百分点。

（三）企业存款占各项存款余额比重指数有待提高

2020 年，北京市企业存款占各项存款余额比重指数为 17，较 2019 年的17 保持不变，较 2014 年基期的 30 下降 43.33%。从企业存款占各项存款余额比重测评值来看，2014～2020 年总体呈波动下降趋势。2020 年，北京市企业存款占各项存款余额比重测评值为 55，相比 2014 年下降 45%，相较2019 年测评值 56 下降 1.79%。2020 年，企业存款占各项存款余额比重对金融支持效度指数的贡献度为 13.28%，较 2019 年的贡献度下降 0.43 个百分点，较 2014 年的贡献度下降 16.72 个百分点。

（四）技术合同成交额与新增贷款的比值指数有所降低

2020 年，北京市技术合同成交额与新增贷款的比值指数为 60，较 2019 年的 62 下降 3.23%，较 2014 年基期的 30 上升 100%。从技术合同成交额与新增贷款的比值测评值来看，2014～2019 年总体呈波动上升趋势，2020 年有所降低。2020 年，北京市技术合同成交额与新增贷款的比值测评值为 199，相比2014 年上升 99%，相较 2019 年测评值 206 下降 3.4%。2020 年，技术合同成交额与新增贷款的比值对金融支持效度指数的贡献度为 46.88%，较 2019 年的贡献度下降 3.12 个百分点，较 2014 年贡献度上升 16.88 个百分点。

第三节　经济成效分项指数分析

本节分析了 2014～2020 年北京经济成效分项指数的构成及变动原因。2014～2020 年北京经济成效分项指数稳步增长，增长率为 52%。从经济成效分项指数内部结构来看，增长数量指数、增长质量指数、动能升级指数和对外开放指数均实现了不同程度的增长，其中增长质量指数和动能升级指数的增长更为显著，分别增长了 67% 和 92%，是推动经济成效分项指数增长的主要原因。近年来北京坚持供给侧结构性改革和经济高质量发展的总体要求，经济总量稳步提升，经济结构不断优化，经济生产效率显著提升，环境污染治理取得显著成效，战略性新兴产业、高技术制造业和现代服务业快速增长，在经济产出的各方面都实现了更高效、更持续的发展。

一　经济成效指数总体分析

2014～2020年，北京经济成效分项指数呈逐步上升趋势，总体增长52%，其中2017年增长最快，同比增长率为15.93%，2019年次之，同比增长率为11.76%（见图2－37）。从经济成效各二级指数的情况来看，2019～2020年北京动能升级指数增长最快，增长率为8.36%；增长质量指数次之，增长率为7.32；增长数量指数在2020年出现下降趋势，比2019年下降14.74%；对外开放指数在2020年小幅下降，比2019年下降1.9%（见图2－38）。

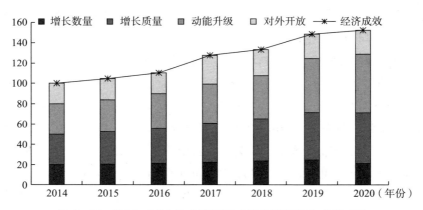

图2－37　2014～2020年北京经济成效分项指数构成及变动

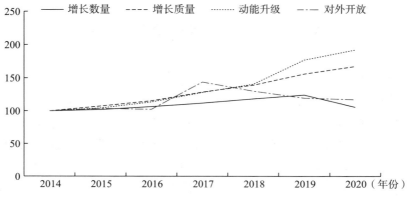

图2－38　2014～2020年北京经济成效各二级指数变动趋势

　　从经济成效分项指数内部结构来看，动能升级指数和增长质量指数的提高是推动经济成效分项指数上升的主要因素。动能升级指数的加权值由2019的53上升为2020年的58，对经济成效分项指数的贡献度达到38%，上升2个百分点。增长质量指数的加权值由2019的47上升为2020年的50，对经济成效分项指数的贡献度从2019的31%上升到2020年的33%。而增长数量指数对经济成效分项指数的贡献度由2019的17%下降为2020年的14%，下降3个百分点。对外开放指数对经济成效分项指数的贡献度由2019的16%下降为2020年的15%，下降1个百分点。这表明北京经济成效分项指数的增长主要是由动能升级和增长质量指数引起的，增长数量和对外开放指数对经济成效分项指数的影响较小。

二　增长数量指数分析

　　增长数量指数由GDP、第三产业占比、GDP增长率、人均GDP四个三级指数加权合成。2020年，增长数量指数达到106，较2014年上升6%，较2019年下降14.52%（见图2-39）。从四项三级指数来看，GDP指数上升趋缓，第三产业占比指数保持稳定，GDP增长率指数骤降，人均GDP指数略升。

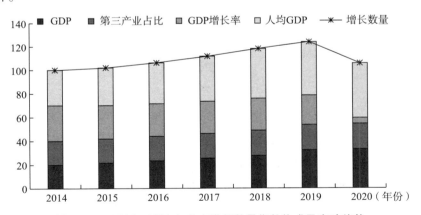

图2-39　2014～2020年北京增长数量指数构成及变动趋势

（一）GDP指数上升趋缓

　　2020年，北京GDP较2019年小幅增长，经过标准化处理后的GDP测评值为165，较2014年增长65%，较2019年增长2.48%（见图2-40、图

2－41）。2020 年，GDP 对增长数量的贡献度为 31.43%，较 2019 年的贡献度上升 5.41 个百分点，较 2014 年的贡献度上升 11.43 个百分点，是推动增长数量指数上升的一个主要因素（见图 2－42）。

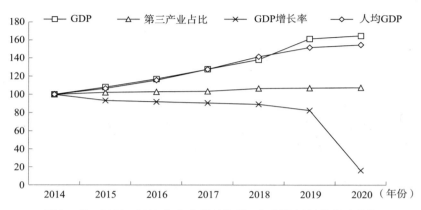

图 2－40　2014～2020 年北京增长数量三级指数测评值变动趋势

图 2－41　2014 年、2019 年和 2020 年北京增长数量三级指数测评值雷达图

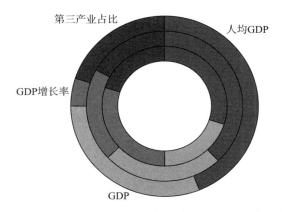

图 2 – 42　2014 年（内环）、2019 年（中环）和 2020 年（外环）北京增长数量三级指数贡献度对比

（二）第三产业占比指数保持稳定

2020 年，北京第三产业占比与 2019 年基本持平，为 83.8%，经过标准化处理后的第三产业占比测评值为 107。2020 年，北京第三产业占比测评值较 2014 年增长 7%，与 2019 年持平。2020 年，第三产业占比对增长数量指数的贡献度为 20%，较 2019 年的贡献度上升 3 个百分点，与 2014 年的贡献度持平。

（三）GDP 增长率指数骤降

2020 年，北京 GDP 增长率较 2019 年大幅下降，经过标准化处理后 GDP 增长率测评值为 16。2020 年，北京 GDP 增长率的测评值较 2014 年下降 84%，较 2019 年下降 80%。2020 年，GDP 增长率对增长数量指数的贡献度为 4.8%，较 2019 年的贡献度下降 15.5 个百分点，较 2014 年的贡献度下降 25.2 个百分点。

（四）人均 GDP 指数略升

2020 年，北京人均 GDP 为 16.42 万元，较 2019 年略微上升，经过标准化处理后人均 GDP 测评值为 154。2020 年，北京人均 GDP 的测评值较 2014 年增长 54%，较 2019 年下降 1.3%。从对增长数量指数的贡献度来看，2020 年人均 GDP 对增长数量指数的贡献度为 44%，较 2019 年的贡献度上升 7 个百分点，较 2014 年的贡献度上升 14 个百分点，是贡献度增长最大的一个指数，也是对增长数量指数推动作用最强的一个指数。

三　增长质量指数分析

增长质量指数由全员劳动生产率、单位 GDP 能耗、PM2.5、人均可支配收入四个三级指数加权合成。2020 年，增长质量指数为 114，较 2014 年上升 14%，但较 2019 年下降 0.87%（见图 2-43）。从四项三级指数来看，全员劳动生产率指数小幅上升，单位 GDP 能耗指数降幅扩大，PM2.5 指数持续下降，人均可支配收入指数小幅上升。

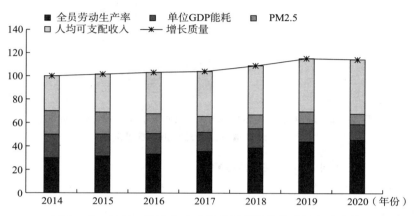

图 2-43 2014~2020 年北京增长质量指数构成及变动趋势

（一）全员劳动生产率指数小幅上升

2020 年，北京全员劳动生产率较 2019 年小幅上升，经过标准化处理后的全员劳动生产率测评值为 151，较 2014 年增长 51%，较 2019 年增长 3.42%（见图 2-44、图 2-45）。2020 年，全员劳动生产率对增长质量指

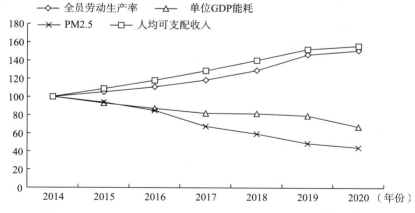

图 2-44 2014~2020 年北京增长质量三级指数测评值变动趋势

数的贡献度为40%，较2019年的贡献度上升2个百分点，较2014年的贡献度上升10个百分点（见图2－46）。

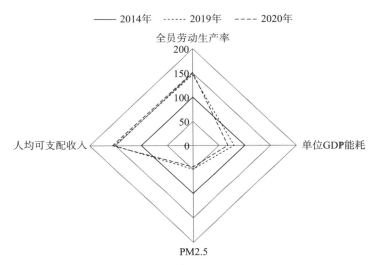

图2－45　2014年、2019年和2020年北京增长质量三级指数测评值雷达图

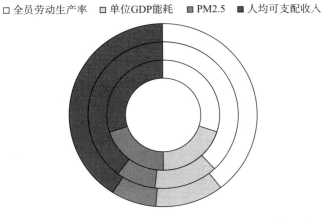

图2－46　2014年（内环）、2019年（中环）和2020年（外环）北京增长质量三级指数贡献度对比

（二）单位GDP能耗指数降幅扩大

2020年，北京单位GDP能耗延续下降趋势，为0.21吨标准煤/万元，经过标准化处理后单位GDP能耗的测评值为67。2020年，北京单位GDP能耗的测评值较 2014 年下降 33%，较 2019 年下降 15.19%。2020 年，单位 GDP 能耗对增长质量指数的贡献度为 11.73%，较 2019 年的贡献度下降 2.03 个百分点，较 2014 年的贡献度下降 8 个百分点。

（三）PM2.5指数持续下降

2020 年，北京 PM2.5 与 2019 年相比稳中有降，年均浓度为 38 微克/米³，经过标准化处理后 PM2.5 的测评值为 44。2020 年，北京 PM2.5 测评值较 2014 年下降 56%，较 2019 年下降 11.36%。2020 年，PM2.5 对增长质量指数的贡献度为 7.73%，较 2019 年的贡献度下降 0.75 个百分点，较 2014 年的贡献度下降 12.27 个百分点。

（四）人均可支配收入小幅上升

2020 年，北京人均可支配收入较 2019 年小幅上升 2.6%，为 69434 元，经过标准化处理后测评值为 156。2020 年测评值较 2014 年增长 56%，较 2019 年增长 2.56%。2020 年，人均可支配收入对增长质量指数的贡献度为 40.92%，较 2019 年的贡献度上升 1.28 个百分点，较 2014 年的贡献度上升 10.92 个百分点。

四　动能升级指数分析

动能升级指数由战略性新兴产业增加值、高技术制造业增加值、现代服务业增加值、技术合同成交额四个三级指数加权合成。2020 年，动能升级指数达到 192，较 2014 年上升 92%，较 2019 年上升 8.47%（见图 2 – 47）。

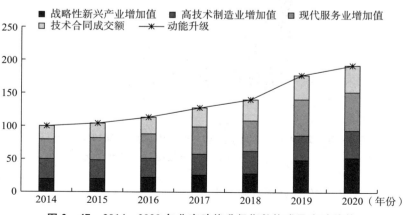

图 2 – 47　2014 ~ 2020 年北京动能升级指数构成及变动趋势

从四项三级指数来看，战略性新兴产业增加值稳定增长，高技术制造业增加值持续增长，现代服务业增加值稳步增长，技术合同成交额持续增长。

（一）战略性新兴产业增长持续稳定

2020年，北京战略性新兴产业增加值在2019年基础上稳定增长，经过标准化处理后测评值为262，较2014年增长了162%，较2019年增长了6.5%（见图2－48、图2－49）。2020年，战略性新兴产业增加值对动能升

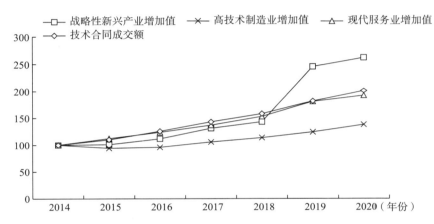

图2－48　**2014～2020年北京动能升级各三级指数测评值变动趋势**

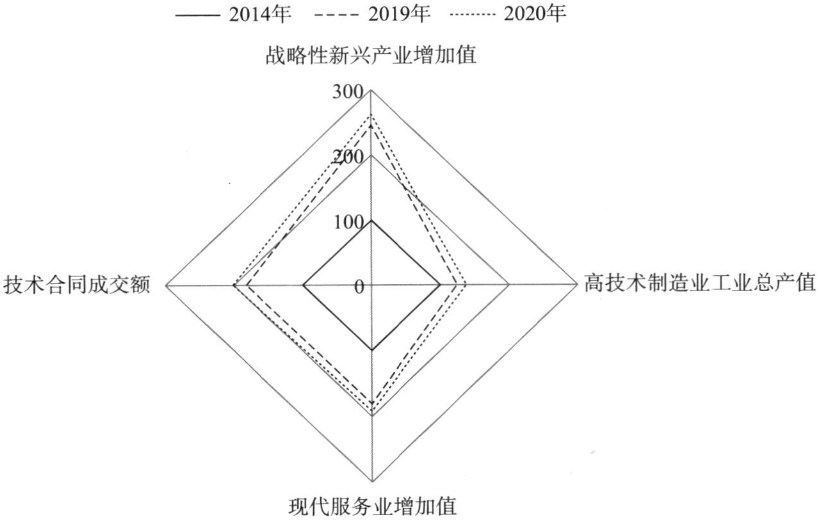

图2－49　**2014年、2019年和2020年北京动能升级指数雷达图**

级指数的贡献度为 27.2%，较 2019 年的贡献度下降 0.6 个百分点，较 2014 年的贡献度上升 7.2 个百分点（见图 2 - 50）。

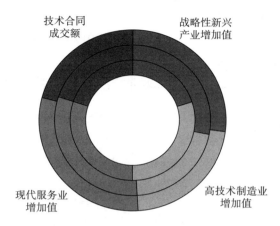

图 2 - 50　2014 年（内环）、2019 年（中环）和 2020 年（外环）
动能升级三级指数贡献度

（二）高技术制造业的工业贡献持续扩大

2020 年，北京高技术制造业增加值在 2019 年基础上保持稳定增长态势，经过标准化处理后测评值为 138，较 2014 年增长 38%，较 2019 年增长 11.29%。2020 年，高技术制造业增加值对动能升级指数的贡献度为 21.47%，较 2019 年的贡献度上升 0.45 个百分点，较 2014 年的贡献度下降 8.53 个百分点。

（三）现代服务业实力稳步增强

2020 年，北京现代服务业增加值较 2019 年小幅上涨 6%，为 18651.29 亿元，经过标准化处理后测评值为 192，较 2014 年增长 92%，较 2019 年增长 6.08%。2020 年，现代服务业增加值对动能升级指数的贡献度为 30.09%，较 2019 年的贡献度下降 0.55 个百分点，较 2014 年的贡献度上升 0.09 个百分点，仅有很小幅度的上升，说明现代服务业增加值对动能升级指数的支持作用较为稳定，影响程度变化不大。

（四）创新成果转化保持高增长

2020 年，北京技术合同成交额与 2019 年相比继续保持增长态势，为 6316.16 亿元，经过标准化处理后测评值为 201，较 2014 年增长 101%，较

2019 年增长 4.95%。2020 年，技术合同成交额对动能升级指数的贡献度为 20.99%，较 2019 年的贡献度上升 0.48 个百分点，较 2014 年的贡献度上升 0.99 个百分点。2020 年新冠病毒感染疫情发生以来，北京市政府积极推动重点项目建设和企业复工复产，帮助科技企业降低成本、开拓市场。同时推动技术合同认定登记工作正常有序开展，一方面积极扩宽技术合同认定登记服务渠道，另一方面开展技术市场政策线上联合宣讲，深入落实技术市场优惠政策，使技术合同成交额稳步增长。

五 对外开放指数分析

对外开放指数由 FDI 规模、出口规模、进出口规模占 GDP 比重、入境人数四个三级指数加权合成。2020 年，对外开放指数达到 117，较 2014 年上升 17%，较 2019 年下降 1.68%（见图 2－51）。从四项三级指数来看，FDI 规模指数总体趋于平稳，出口规模指数大幅增长，进出口规模占 GDP 比重指数有所提高，入境人数指数受疫情影响骤降。

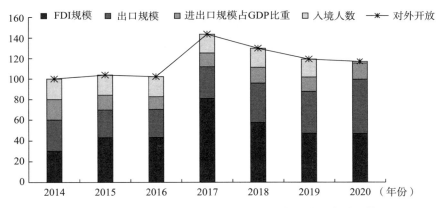

图 2－51 2014～2020 年北京对外开放指数构成及变动趋势

（一）FDI 规模指数总体趋于平稳

2020 年，北京 FDI 规模与 2019 年相比略微下降，呈回落企稳趋势。2020 年，北京 FDI 规模为 141 亿美元，经过标准化处理后 FDI 规模测评值为 156，较 2014 年增长 56%，较 2019 年下降 0.64%（见图 2－52、图 2－53）。2020 年，FDI 规模对对外开放指数的贡献度为 40.17%，较 2019 年的贡献度上升

0.67 个百分点，较 2014 年的贡献度上升 10.17 个百分点（见图 2 - 54）。

图 2 - 52 2014 ~ 2020 年北京对外开放各三级指数测评值变动趋势

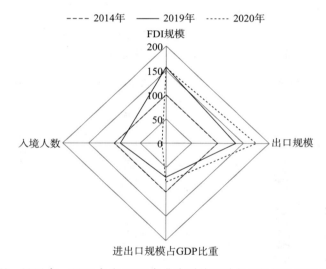

图 2 - 53 2014 年、2019 年和 2020 年北京对外开放各三级指数测评值雷达图

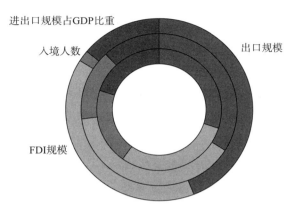

**图 2-54　2014 年（内环）、2019 年（中环）和 2020 年（外环）
北京对外开放指数三级指数贡献度对比**

（二）出口规模指数大幅增长

2020 年，北京出口规模较 2019 年大幅提高 30%，为 6701.5 亿元，经过标准化处理后测评值为 175，较 2014 年增长 75%，较 2019 年增长 29.63%。2020 年，出口规模对对外开放指数的贡献度为 44.4%，较 2019 年的贡献度上升 10.79 个百分点，较 2014 年的贡献度上升 14.4 个百分点。

（三）进出口规模占 GDP 比重指数有所提高

2020 年，进出口规模占 GDP 比重较 2019 年明显回升，2020 年进出口规模占 GDP 比重经过标准化处理后测评值为 80，较 2014 年下降 20%，较 2019 年上升 14.29%。2020 年，进出口规模占 GDP 比重对对外开放指数的贡献度为 14%，较 2019 年的贡献度上升 2.24 个百分点，较 2014 年的贡献度下降 6 个百分点。

（四）入境人数指数受疫情影响骤降

2020 年，北京入境人数与 2019 年相比大幅下降，为 34.1 万人，经过标准化处理后测评值为 8，较 2014 年下降 92%，较 2019 年下降 90.91%。2020 年，入境人数对对外开放指数的贡献度为 1.71%，较 2019 年的贡献度下降 13.42 个百分点，较 2014 年的贡献度下降 18.29 个百分点。

第三章
五大城市财经指数发展情况比较

在疫情防控常态化背景下，面对疫情引起的经济波动，如何更好地发挥财政与金融的协同作用是当下各城市能否快速复苏经济、获得发展的关键所在。为探求财经协同发展模式的共性，并为北京市经济发展提供借鉴经验，本章选取了上海、重庆、深圳和广州四个典型城市，旨在通过分析和比较各大城市相应指数的排名变动和趋势变化，梳理出北京市的发展脉络。同时依托对各分项指数的经验性总结，展望北京市的发展未来，为北京市的财政、金融、实体经济发展提供新思路，协助北京更好地肩负起新时代下引领经济发展的责任。

第一节　财经指数整体情况横向比较分析

2020年，五大城市财经指数排序为：北京市、上海市、深圳市、广州市和重庆市。通过对2014～2020年五市财经指数的对比分析可以发现，财经指数整体上呈现稳中有升的趋势。相较于2019年，受疫情影响，五市在2020年出现了明显的经济增长放缓，但五市依然维持着自2014年以来的财经指数增长惯性：五市分为两大梯队，梯队内部差距日益缩小，而两梯队间差距则呈波动性扩大趋势。

北京市始终位居第一梯队，并于2020年反超深圳市成为第一，这得益于其一枝独秀的金融支持分项指数和位居前列的财政支持分项指数，经济成效分项指数成为北京市稳固指数增长地位的相对短板。展望未来，北京市需要向深圳市和上海市学习相关经验，加快各类产业向高精尖产业转型的速度，同时更要加大政府支持力度，力求保住"领头羊"地位并不断向前。

一　五大城市可分为较为稳定的两大梯队

（一）北京市稳居第一梯队

从 2014~2020 年的数据变动趋势来看，五大城市在整体上可分为较为稳定的两大梯队。其中北京、上海和深圳为第一梯队，而排名较为靠后的重庆和广州为第二梯队。北京始终居于第一梯队，并于 2020 年反超深圳成为榜首（见图 3 - 1）。

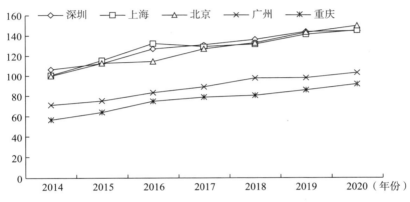

图 3 - 1　2014~2020 年五大城市财经指数变动趋势

资料来源：依据财经指数模型计算，下同。

北京市财经指数稳居前列的核心竞争力在于其金融支持分项指数遥遥领先，但未来稳固榜首地位仍需要另两个分项指数齐头并进。2014~2020年，北京金融支持分项指数始终稳居第一名，并在 2020 年与第二名上海的指数相差 42.36；北京财政支持指数虽然常年低于第一名的上海，但相较其他三市仍具有一定数值优势；北京经济成效分项指数较低，一直处于第一梯队的末尾且具体数值相比首位城市有较大差距，如 2020 年与第一名深圳的指数差距达 57.43，该项指数成为当下制约北京财经指数提高的相对短板。北京市可以借鉴第一梯队中的另外两市在财政支持和经济成效两大分项指数上的先进经验，并将其转化为疏解非首都功能背景下实现经济高质量发展的新思路。

相比于上海市，北京市应在财政支持分项指数上提高财政实力指数和财政支持力度指数，向上海市看齐。相比于深圳市，北京市应在经济成效分项指数的二级指数对外开放、增长质量、动能升级方面下功夫。具体来说，建议加速企业转型从而提高增长质量，加快其动能升级，通过加大对外开放力度、引进先进技术转型为高精尖产业来提高经济成效分项指数，缩小与深圳市经济成效分项指数的差距。

（二）两大梯队间的差距波动性扩大

从2014~2020年的数据具体变动值来看，两大梯队整体较为稳定，仅存在梯队内部的排名变动。2014~2020年，北京、上海和深圳的财经指数差异不大，仅存在个位数值的不同，为第一梯队；广州和重庆相较前三者差距明显，为第二梯队。2018年以前，北京市徘徊于第一梯队的第二名和第三名，2020年反超居于榜首。

随着财经指数的升高，两梯队间的指数差距呈波动扩大态势。2014年，排名第一梯队末尾的北京和第二梯队首位的广州的财经指数差距为28.72，而到2019年第一梯队末尾的上海和第二梯队首位的广州的差距扩大到43.38，2020年差距达到41.66，两梯队指数差距总体呈波动扩大趋势（见表3-1）。2016年，因为广州的金融支持力度加大，二者差距从2015年的37.36缩小到31.32，2018年，上海金融支持力度的减小使其与广州的指数差距缩小到34.03，但依然保持在30以上。差距波动性扩大是因为各大城市财经指数的增长速度不尽相同，同时两梯队的财经指数初始值也相差较大。

表3-1 2014~2020年两大梯队财经指数差距

特殊值	2014年	2015年	2016年	2017年	2018年	2019年	2020年
第一梯队最低值	100	112.72	114.74	127.14	131.77	141.39	144.90
第二梯队最高值	71.28	75.36	83.42	89.03	97.74	98.01	103.24
差距	28.72	37.36	31.32	38.11	34.03	43.38	41.66

二　财经指数稳中有升

五大城市尽管各自增长速度不同，但指数总体呈增长态势，仅个别城市在个别年份略有下降，从整体上来说保持稳中有升。

从增长趋势来看，整体维持高速增长，2020年增长放缓。北京以7.05%

的年均增幅居于重庆的 8.41% 之后，广州和上海的年均增幅接近，分别为 6.42% 和 6.48%，而深圳则以 5.30% 的年均增幅居于末尾（见表 3-2）。相较于 2019 年的增速，2020 年除了财政支持力度加大而使指数继续加速增长的重庆和广州外，其余三大城市受疫情影响增长速度均有所降低，尤以深圳最为明显，指数增长率同比下降 5.01 个百分点。同期北京受到的影响相对较小，仅下降 3.09 个百分点。北京财经指数增长速度的波动主要由金融支持分项指数和经济成效分项指数的增降引起。2016 年二者增速的大幅放缓导致北京财经指数增长速度谷底的出现，财经指数增长高峰的出现则依赖于二者的飞速增长。重庆财经指数增长主要得益于自身较低的初始值和财政支持分项指数的较快增长。上海整体呈现稳中有进的增长趋势，2017 年出现负增长主要是因为同年的财政支持分项指数出现大幅下降。广州的财经指数呈增长趋势。

从 2014~2020 年的变化量来看，增长量变化的相对差异较小。2019 年与 2014 年相比，北京的财经指数增长量最大，达到 49.90。第二名上海的财经指数增长量比北京低 5.34，第三名深圳的财经指数增长量比北京低 11.7，第四名广州和第五名重庆的财经指数增长量分别比北京低 15.02 和 17.94。而 2020 年与 2019 年相比，疫情对财经指数增长产生了显著影响，五个城市的增长量都维持在个位数水平，2019 年北京的增长量约为广州和重庆增长量的两倍，但在 2020 年受疫情影响，梯队间的增长量差距开始显著缩小。

表 3-2　五大城市财经指数增长速度

单位：%

城市	2015 年	2016 年	2017 年	2018 年	2019 年	2020 年	年均增幅
深圳	5.63	12.73	3.20	4.02	5.60	0.59	5.30
上海	14.73	14.43	-2.30	1.86	7.30	2.85	6.48
北京	13.05	1.50	10.80	4.64	7.70	4.61	7.05
广州	5.73	10.69	6.72	9.79	0.27	5.34	6.42
重庆	13.00	16.66	5.30	2.14	6.63	6.70	8.41

第二节　财经指数分项情况横向趋势分析

本节通过横向分析财经指数各分项指数来解释五大城市财经指数排名变动的内在逻辑，分析各城市指数数值的具体增减情况，并归纳各城市在分项指数上的优劣势。2014～2020年，北京在金融支持和财政支持两项分项指数上占据优势，尤其是前者遥遥领先于其他四市，后者与前位城市差距不大，但与后位城市存在不小差距；相对劣势主要在于经济成效分项指数，与稳居首位的深圳拉开了较大差距。为进一步稳固北京市财经指数榜首的地位，建议加快产业转型，补齐经济成效分项指数短板。

本节通过分析财经指数下属三个一级指数的趋势，对五大城市未来指数的增长趋势做出初步判断。从整体上看，三项一级指数都保持着稳步上升的趋势，但财政支持和金融支持分项指数的增长波动性较为突出。2014～2020年，北京金融支持和财政支持分项指数的平均增长率仅排在第三和第四名，这固然有初始值较大的原因，但也说明北京的优势分项指数和其他四市的差距有缩小的趋势；同时，作为指数数值短板的经济成效分项指数的平均增长率却高居首位，从长远来看，该一级指数的快速发展必将带动北京财经指数的进一步提升。

一　财政支持分项指数排名与趋势分析

（一）财政支持分项指数差距明显

2020年，五大城市的财政支持分项指数排序为：上海、重庆、北京、深圳和广州（见图3-2）。财政支持分项指数的排名及变化情况体现为：2017年以后，上海、北京、重庆作为第一梯队排名稳定在前列，内部数值差距较小，但与第二梯队的深圳和广州拉开明显差距。

从排名变动来看，两大梯队分层明显：第一梯队中，上海的财政支持分项指数排名稳居五大城市第一位，位于第一梯队末尾的重庆在2016年和2020年排名第二，2017～2019年均排在第三位；第二梯队中，2014年后深圳和广州的财政支持分项指数排名分别稳定保持在第四位和第五位。

北京财政支持分项指数的排名虽然伴随着重庆的升降有所波动，但总

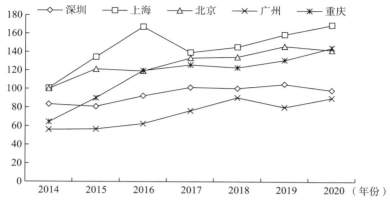

图 3 - 2　2014～2020 年五大城市财政支持分项指数排名

体呈上升趋势。2020 年与 2014 年相比指数上升了 40.39，仅在 2016 年和 2020 年排在重庆之后，其余年份均排在第二名。可以看出，北京在财政支持分项指数上有较大潜力，但受到疫情期间政策的影响被重庆赶上。

从五大城市具体数值比较来看，前三名城市在财政支持分项指数上存在明显优势，但三者内部指数差距并不明显。以北京为例，2017 年其财政支持分项指数仅与第一名上海相差 5.95，与第三名重庆相差 11.73，三市该项指数差值始终维持在 15 以内，尤其是在近三年重庆和北京的该分项指数开始呈现趋同形势。考虑 2017～2020 年的平均指数，前三名的数值差距存在进一步缩小趋势，而梯队间差距有扩大趋势：第一名上海仅高于第三名重庆 14.22，但重庆和深圳的数值差距扩大为 30.27。

（二）财政支持分项指数震荡性增长

五大城市财政支持分项指数的发展趋势体现为：该项指数增长的不稳定性相较另外两个指数更加突出，总体波动性上升的趋势也更加明显。

从年均增幅来看，重庆和上海财政支持分项指数的年均增幅分别高达 15.47% 和 10.24%，广州和北京财政支持分项指数的年均增幅分别为 8.86% 和 6.37%，深圳财政支持分项指数的年均增幅最低，为 3.08%（见表 3 - 3）。

再来看北京市，其以 6.37% 的年均增幅位居第二梯队末尾，北京的年均增幅与第一梯队队首上海和第二梯队的深圳都存在较大差距，分别相差 3.87 个和 3.29 个百分点，主要是由于其增幅呈现较大波动，受限于财政政策的支持情况，奇数年北京往往能获得该指数的较大增长并在 2015 年获得了 21.18% 的增长峰值，而在偶数年增长幅度较小甚至在 2016 年和 2020 年出现小幅下降。

表 3-3　五大城市财政支持分项指数增长速度

单位：%

城市	2015 年	2016 年	2017 年	2018 年	2019 年	2020 年	年均增幅
深圳	-2.95	14.13	9.97	-1.02	4.55	-6.23	3.08
上海	33.39	24.50	-16.71	4.31	9.34	6.62	10.24
北京	21.18	-1.68	11.97	0.78	8.82	-2.87	6.37
广州	1.15	10.14	22.40	18.48	-11.22	12.22	8.86
重庆	39.95	32.91	5.26	-2.35	6.66	10.40	15.47

与 2014 年相比，2020 年各城市的财政支持分项指数均有增长且分层明显，平均增长量为 48.11。其中，重庆以 80.43 的增长量遥遥领先于其他四市；其次为上海 68.71 的增长量；广州和深圳分别位于第四和第五，其中深圳 2020 年仅比 2014 年增长 15.16；重庆财政支持分项指数增长量约为深圳的 5~6 倍，存在明显差距。对照北京 42.10 的增长量，可以看出其与第一梯队的队首重庆存在 38.33 的巨大增长量差距，与第二梯队城市深圳存在 26.94 的增长量差距。

二　金融支持分项指数排名与趋势分析

（一）北京金融支持分项指数稳居首位

2020 年，五大城市的金融支持分项指数排序为：北京、上海、深圳、广州和重庆。在财经指数各分项指数中，金融支持分项指数的排名总体而言较为稳定，2020 年相比于 2019 年整体排名未发生改变，北京仍然处于遥遥领先的龙头地位，与四个城市拉开了较大的差距：即便是稳居第二名的上海在差距最小的 2017 年也和北京存在 20 以上的指数差距（见图 3-3）。

分析二级指数排名变动，北京领先的优势主要体现为 2014~2020 年北京金融实力、金融支持效度、金融支持力度三个二级指数均维持在第一名；上海的金融实力指数始终紧随其后，2014~2016 年上海的金融可持续性指数高于北京，之后被反超；深圳和广州金融支持分项指数的排名始终保持在第三、第四位；重庆金融支持分项指数的排名保持在五大城市的末位。通过分析五大城市指数具体数值发现，北京金融支持分项指数远高于其他四个城市，并在数值上存在进一步扩大的可能。北京金融支持分项指数的相对优势在第一梯队中不断扩大，为北京未来稳固总指数榜首地位提供了信心。

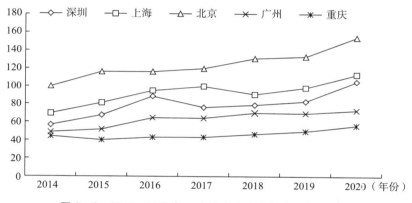

图 3 - 3　2014 ~ 2020 年五大城市金融支持分项指数排名

（二）金融支持分项指数波动性增长

五大城市金融支持分项指数的发展趋势体现为：总体呈不断上升趋势，但不同年份的增长存在一定波动性。从 2015 ~ 2020 年年均增幅角度考虑，整体增长趋势差异相对较小。深圳金融支持分项指数以 12.01% 的年均增幅排名第一，除 2017 年大幅下降 13.94% 外，其余年份均保持增长，其中2015 年、2016 年和 2020 年的增长幅度较大，2016 年因债务问题的放缓获得了历史最高增长率 31.01%（见表 3 - 4）。上海的年均增幅排名第二，为8.96%，虽然和深圳存在明显差距，但增长较为平稳，2014 ~ 2020 年除2018 年指数大幅下降 9.27% 外始终保持增长。重庆的年均增幅排在末尾，2018 ~ 2020 年有指数拉升趋势，年均增幅达到 9%，超过排名第二的上海且远高于 2015 ~ 2020 年 4.28% 的年均增幅，未来存在排名提升的可能。

北京排名第三，处于中位，其波动性相对其他四市更为突出。北京的年均增幅与第二位仅相差 1.23 个百分点，与第一位相差 4.28 个百分点。但其指数初始值较大，具体增长量依然达到了最大。同时，北京也是金融支持分项指数始终保持着正向增长的城市。从具体年份来看，其增长率除 2016 年和 2019 年外始终保持在前三名，但受限于 2016 年 0.05% 和 2019 年 1.67% 的极小幅度增长。

表 3－4　五大城市金融支持分项指数增长速度

单位：%

城市	2015 年	2016 年	2017 年	2018 年	2019 年	2020 年	年均增幅
深圳	18.99	31.01	－13.94	3.66	4.94	27.37	12.01
上海	16.72	17.17	5.23	－9.27	8.49	15.40	8.96
北京	16.27	0.05	3.13	9.35	1.67	15.92	7.73
广州	6.03	24.30	－0.57	9.19	－0.67	4.84	7.18
重庆	－9.57	7.55	0.22	7.89	6.85	12.73	4.28

2020 年与 2014 年相比，各城市的金融支持分项指数均有所增长，平均增长量为 36.62。从增长量比较来看，出现了梯队分层的情况。前三名城市的指数变动差距较小，平均差距保持在 10 以内，可视为同一增长量梯队。第四名广州的指数增长量为 23.97，和前三名拉开了显著差距。重庆金融支持分项指数的增长量最少，2020 年仅比 2014 年增长 11.84。北京增长量最多，达到 54.61，且 2014 年的初始指数也远高于其他四市，具有明显优势。深圳的指数增长量为 48.63，上海的指数增长量为 44.03，仅相差 4.6。

但 2020 年与 2019 年相比时，指数增长差距则变得明显。北京的增长量 21.24 仅次于深圳的增长量 22.62，与其余三个城市存在较为明显的增长量差距，与增长量最小的广州更是拉开了近 6 倍的单年增长差距，得益于自身的高初始指数值和高增长量，北京在未来一段时间内仍将保持该项指数的遥遥领先。

三　经济成效分项指数排名与趋势分析

（一）北京经济成效分项指数后来居上

2020 年，五大城市经济成效分项指数的排序为：深圳、北京、上海、广州和重庆（见图 3－4）。经济成效分项指数排名的变化特征体现为：深圳遥遥领先于其他四市，除北京后来居上不断赶超外，其余城市的排名较为稳定。

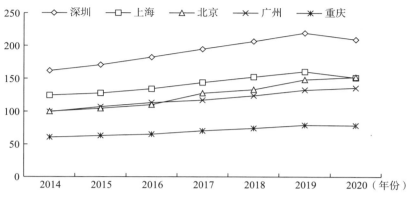

图 3 - 4　2014～2020 年五大城市经济成效分项指数变动趋势

　　分析经济成效分项指数下的二级指数可知，深圳能一枝独秀主要得益于其近年在动能升级方面取得的成绩，尤其是动能升级下三级指数战略性新兴产业增加值和高技术制造业增加值测评值远高于其他城市。从平均数值来看，深圳经济成效分项指数远高于其他四个城市，2014～2020 年平均超出第二名上海 49.9。尽管新冠病毒感染疫情对制造业产生的影响使指数差距短期内无法进一步扩大，但与其他城市相比，深圳在该项指数上的榜首位置依然稳固。

　　北京的排名可分为两个时段：2014～2016 年，经济成效分项指数排名第二的是上海，其次是广州，北京紧随其后；自 2017 年起，北京的排名超过广州，位居第三，并在 2020 年因为新冠病毒感染疫情因素反超上海成为第二。分析经济成效二级指数可知，这是由于北京在动能升级和对外开放方面取得了较大进步，尽管有去中心化的不利因素，但产业升级存在相应指数利好。从具体数值来看，2014～2016 年，北京和广州的差距较小，平均仅有 2.14；后因政策影响，2017～2020 年北京超过广州，不断缩小与上海的差距，由 19.09 缩至 - 0.81，可以看出北京后来居上，逐步稳定在第二名。

　　（二）经济成效分项指数稳步增长

　　五大城市经济成效分项指数的特征体现为：指数整体呈上升趋势且增长相较于另外两个一级指数更加稳定。

从 2015～2020 年年均增幅来看，除北京外，其他四个城市年均增幅的差距并不明显。广州排名第二，年均增幅 5.32% 与最后一名上海 3.31% 的年均增幅仅相差 2.01 个百分点（见表 3-5）。但从分时段的角度分析，五市之间存在明显差异：广州维持正向增长，各年份间增长率差异极小，增长曲线较为平缓；深圳、上海和重庆有着类似的特点，即 2020 年前维持正向增长，2020 年疫情对制造业的冲击使得分项指数均出现不同幅度的下滑，其中上海受影响最大，相较 2019 年指数下降 5.71%，重庆因其较低的经济成效分项指数值，实际受影响较小，仅下降 0.73%。

北京经济成效分项指数的增长存在一定优势，但整体年均增幅并不突出。北京的年均增幅比广州高出 1.93 个百分点，比最后一名上海高出 3.94 个百分点。通过分时段分析可以发现，北京始终维持着正向增长且存在峰值年份，即使是在受疫情影响的 2020 年依然保持着 2.52% 的增长率且排在第一名，并在 2017 年和 2019 年分别以 15.94% 和 11.31% 的增长率位居第一。

表 3-5 五大城市经济成效分项指数增长速度

单位：%

城市	2015 年	2016 年	2017 年	2018 年	2019 年	2020 年	年均增幅
深圳	5.44	6.82	6.85	6.10	6.17	-4.52	4.40
上海	2.58	5.18	7.15	5.87	5.31	-5.71	3.31
北京	4.54	5.46	15.94	4.35	11.31	2.52	7.25
广州	7.55	5.96	3.37	5.79	6.96	2.41	5.32
重庆	3.97	3.64	7.86	5.52	6.48	-0.73	4.42

2020 年，各城市的经济成效分项指数与 2014 年相比均有较大幅度的增长，平均增长量为 36.20。深圳、北京、广州三市超过了平均增长量，其中北京增长量最多，增长 52.21；深圳以 47.65 的增长量紧随其后；接着是广州，尽管指数值低于上海，但从增长量的角度考虑，初始指数值较低的城市更容易取得更高排名，其增长量 36.33 与上海的 26.83 拉开了距离。重庆经济成效分项指数的增长量最少，2020 年仅比 2014 年增长 17.99。

2020 年与 2019 年相比，北京和广州保持了该分项指数的正向增长，其余三市都因疫情的影响出现了不同幅度的指数下降，其中深圳和上海的下降尤为突出，分别达到9.92和9.16。在当地政府相应政策的影响下，尽管经济成效分项指数的排名相对落后，但北京呈现迎头赶超的增长态势，未来必将带动财经指数的进一步增长。

第三节　上海、广州、深圳和重庆财经指数趋势分析

一　上海财经指数分项指数趋势分析

2014～2020年，上海的财经指数排名一直处于五大城市的前三名，原因是上海财经指数下各级指数的排名均比较靠前，上海的财政支持分项指数一直位于第一，金融支持分项指数一直位于第二，经济成效分项指数在2014～2019年位于第二，在2020年位于第三。2014～2020年，财政支持分项指数和经济成效分项指数占总指数的比例较大（见图3-5）。财政支持分项指数增长比较迅速，2020年比2014年增长68.18%；金融支持分项指数也增长迅速，2020年比2014年增长63.48%；只有经济成效分项指数增长相对缓慢，2020年比2014年增长21.56%（见图3-6）。

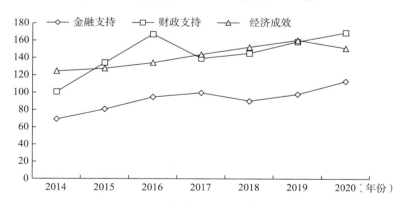

图3-5　2014～2020年上海财经指数各分项指数测评值变动趋势

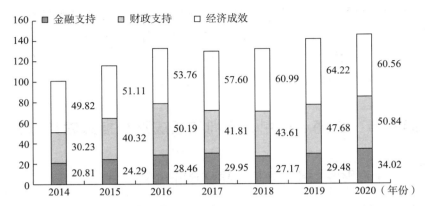

图 3 - 6 2014～2020 年上海财经指数分项指数构成及增长变动

（一）上海财政支持分项指数稳居第一

2014～2020 年，上海的财政支持分项指数一直位居第一，2020 年较 2014 年的增长量排名第二，为 68.71，仅次于重庆的 80.43。从变化趋势来说，上海财政支持分项指数在 2015 年和 2016 年大幅上升，在 2017 年明显下降，之后一直到 2020 年，每年都有小幅上升。2020 年相对于 2019 年，上海财政支持分项指数增加 10.52，位于第二，仅次于重庆的 13.63。由财政支持分项指数的二级指数分析可得，财政实力指数和财政支持力度指数所占比例较大，其中财政实力指数占比最大，是财政支持分项指数增长的最大推动力（见图 3 - 7）。

图 3 - 7 2014～2020 年上海财政支持分项指数构成及变动趋势

2014～2020年，上海财政支持分项指数的增长率为68.19%，位于第二，仅次于重庆的152.12%，年均增幅为10.24%，处于中游，好在其财政支持分项指数基数较大，能够支持其一直居于首位。2015～2016年，上海财政支持分项指数保持高速增长，年均增幅达28.94%，但随即在2017年出现了16.71%的下降，随后逐渐回升，而且增长率逐渐提高，2020年达到6.62%（见表3-6）。从二级指数分析可知，2017年的下降主要是因为财政实力指数的迅速下降。上海财政支持力度、财政支持效度和财政可持续性指数的变化较小，总体呈上升态势，但财政实力指数的变化十分显著，除了在2017年下降幅度较大之外，其他年份都保持增长态势，其中2015年和2016年的增长十分迅速（见图3-8）。上海财政实力指数的变化和财政支持分项指数的变化趋势基本一致，虽然其余二级指数增速不如财政实力指数，但和其他城市相比，其绝对值也名列前茅，故上海在财政支持分项指数排名中位于第一。

表3-6　上海财政支持分项指数及其增长率

年份	财政支持分项指数	财政支持分项指数增长率（%）
2015	134.39	33.39
2016	167.32	24.50
2017	139.37	-16.71
2018	145.37	4.31
2019	158.94	9.34
2020	169.46	6.62

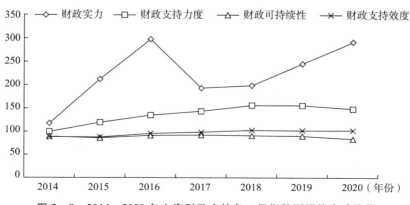

图3-8　2014～2020年上海财政支持各二级指数测评值变动趋势

（二）上海金融支持分项指数稳居第二

上海金融支持分项指数一直位于第二，2020年相对于2014年增长44.03（见图3-9），增长量位于第三，低于北京和深圳。从变化情况来看，除2018年稍有下降以外，上海金融支持分项指数总的来说呈上升趋势。2020年相对于2019年增长量为15.13，也仅次于北京和深圳，处于中游，但得益于基数较为可观，金融支持分项指数排名能够稳居第二。

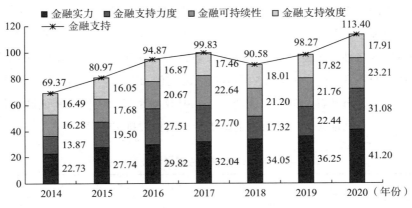

图3-9 2014~2020年上海金融支持分项指数构成及变动趋势

2014~2020年，上海金融支持分项指数的增长率为63.48%，仅次于深圳，实力较为强劲，年均增幅为8.96%，除了在个别年份有所回落，其余年份都保持了正向增长。2015~2017年，上海金融支持分项指数年均增幅为13.04%，增长较为可观，2017年增速放缓，仅为5.23%，2018年下降9.27%，之后继续增长，并且增速逐年递增，2020年增速为15.40%，且绝对值突破三位数，达113.40（见表3-7）。上海2018年金融支持分项指数下降的主要原因是金融支持力度指数大幅下降。而2020年上涨的原因是二级指数中的金融实力指数和金融支持力度指数的增长幅度较大，这两个二级指数占比较大，特别是金融支持力度指数的增速是最大的，同时金融可持续性指数也有一定的增长（见图3-10）。上海金融支持分项指数长期保持第二的主要原因还是金融实力指数与金融支持力度指数的坚挺，给了金融支持分项指数强有力的支撑，并且增速与基数较为可观。

表 3 - 7　上海金融支持分项指数及其增长率

年份	金融支持分项指数	金融支持分项指数增长率（%）
2015	80.97	16.72
2016	94.87	17.17
2017	99.83	5.23
2018	90.58	-9.27
2019	98.27	8.49
2020	113.40	15.40

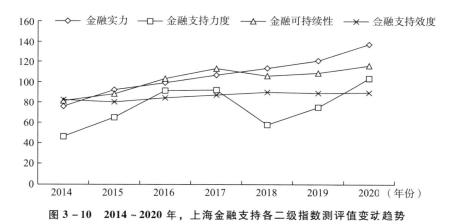

图 3 - 10　2014～2020 年，上海金融支持各二级指数测评值变动趋势

（三）上海经济成效分项指数稳居前列

2014～2019 年，上海经济成效分项指数排名第二，2020 年降至第三位，略微低于第二位。总的来说，上海经济成效分项指数的波动较小，呈增长态势。2014～2020 年，上海经济成效分项指数的增长量为 26.83（见图 3 - 11），位居第四，仅高于重庆的 17.99。不过，得益于上海经济成效分项指数绝对值的优势，即使增长量不占优势，其排名也稳居前列。

2015～2020 年，上海经济成效分项指数的年均增幅为 3.40%，除了 2020 为负增长外，其余年份的增长率稳定在 2%～8%（见表 3 - 8）。上海的对外开放优势较大，尽管增长数量、增长质量和动能升级指数与对外开放指数相比来说不是很高，但增长较为可观，使上海经济成效分项指数在 2014～2019 年增长稳定，2020 年的下降是因为除了动能升级指数以外其余三个二级指数均下降，尤其是对外开放指数的下降幅度最大，而且其占比

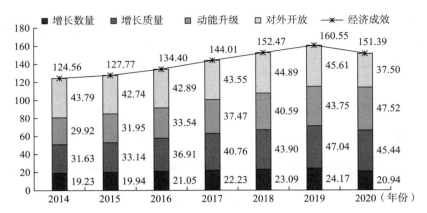

图 3-11　2014～2020 年上海经济成效分项指数构成及变动趋势

较大，所以对经济成效分项指数造成较大影响（见图 3-12）。

表 3-8　上海经济成效分项指数及其增长率

年份	经济成效分项指数	经济成效分项指数增长率（%）
2015	127.77	2.58
2016	134.40	5.18
2017	144.01	7.15
2018	152.47	5.87
2019	160.55	5.31
2020	151.39	-5.71

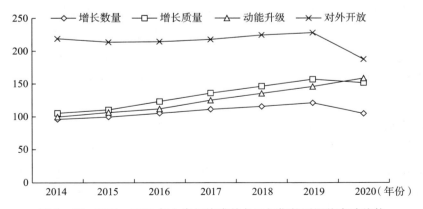

图 3-12　2014～2020 年上海经济成效各二级指数测评值变动趋势

二　广州财经指数分项指数趋势分析

广州财经指数一直稳定于第四名，各一级指数排名也较为靠后，其中金融支持分项指数始终保持在第四名，财政支持分项指数排第五名，而经济成效分项指数在第三名和第四名之间变化，由于一级指数排名相对靠后，因此财经指数总排名靠后。从指数的构成来看，经济成效分项指数所占比例最大，增长幅度较大，财政支持分项指数次之，金融支持分项指数所占比例最小（除 2016 年略高于财政支持分项指数），增长幅度也较小（见图 3 – 13、图 3 – 14）。

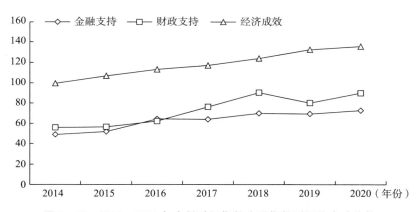

图 3 – 13　2014～2020 年广州财经指数分项指数测评值变动趋势

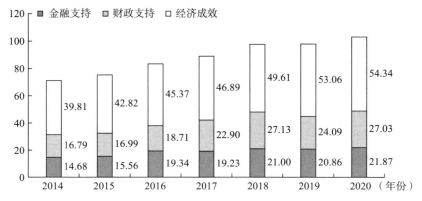

图 3 – 14　2014～2020 年广州财经指数分项指数构成及变动趋势

（一）广州财政支持分项指数稳定垫底

广州的财政支持分项指数始终排第五名，2020 年相比 2014 年增长 34.14，增长量排第四名，仅高于深圳的 15.16，2020 年相比 2019 年增长 10.52，增长量排第三名，次于上海和重庆。总的来说，除了在 2019 年广州财政支持分项指数出现下降之外，其余年份均呈缓慢上升趋势（见图 3 – 15），但由于其基数较小，增长速度没有大幅领先，故始终位居第五。

图 3 – 15　2014 ~ 2020 年广州财政支持分项指数构成及变动趋势

2015 ~ 2020 年，广州财政支持分项指数增长比较缓慢，年均增幅为 8.86%，并不出众（见表 3 – 9）。2014 ~ 2018 年，财政支持分项指数缓慢增长，到 2019 年却出现了下降，从财政支持各二级指数可知（见图 3 – 16），广州财政实力指数在 2017 年和 2018 年这两年迅速增加，是财政支持分项指数增速较快的重要原因，平均超过 20%，属于较高速度增长。2019 年，除了财政支持力度指数之外的其他二级指数均有不同幅度的下降，尤其是财政实力指数下降最快，这使得财政支持分项指数出现了负增长，为 – 11.22%。而到 2020 年，财政实力指数又一次大幅增长，使得财政支持分项指数的增长率达到 12.22%。总的来看，财政实力指数的大幅变动是广州财政支持分项指数变化的重要原因。

表 3 - 9 广州财政支持分项指数及其增长率

年份	财政支持分项指数	财政支持分项指数增长率（％）
2015	56.62	1.15
2016	62.37	10.14
2017	76.34	22.40
2018	90.45	18.48
2019	80.30	- 11.22
2020	90.11	12.22

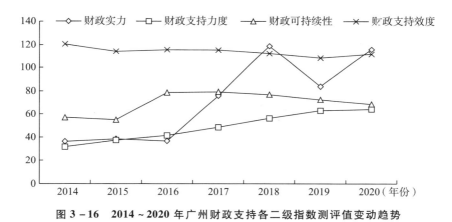

图 3 - 16 2014～2020 年广州财政支持各二级指数测评值变动趋势

（二）广州金融支持分项指数缓慢增长

广州金融支持分项指数排名靠后，一直居于第四名。2020 年和 2014 年相比，金融支持分项指数的增长量也只高于重庆，为 23.97。2020 年和 2019 年相比，仅增长 3.6，居最后一名。广州金融支持分项指数总体呈缓慢增长趋势，个别年份出现轻微下降，且幅度较小（见图 3 - 17），再加上其金融支持分项指数基数较小，无论是从基数还是增速来说都处于靠后的位置，不占优势，所以稳定位于第四。

2015～2020 年，广州金融支持分项指数整体处于波动增长阶段，最大增长率为 2016 年的 24.30%，最小增长率为 2019 年的 - 0.67%，年均增幅为 7.18%，不容乐观（见表 3 - 10）。除了金融支持力度指数外，其余三个指数的变化趋势较为稳定。2016 年，金融支持力度指数有较大幅度增长（见图 3 - 18），使得金融支持分项指数增长率达到了新高，为 24.30%。金

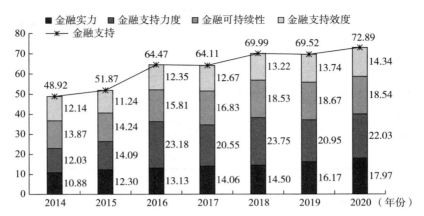

图 3 – 17 2014 ~ 2020 年广州金融支持分项指数构成及变动趋势

融支持力度指数的波动，是广州金融支持分项指数波动的重要原因。

表 3 – 10 广州金融支持分项指数及其增长率

年份	金融支持分项指数	金融支持分项指数增长率（%）
2015	51.87	6.03
2016	64.47	24.30
2017	64.11	− 0.57
2018	69.99	9.19
2019	69.52	− 0.67
2020	72.89	4.84

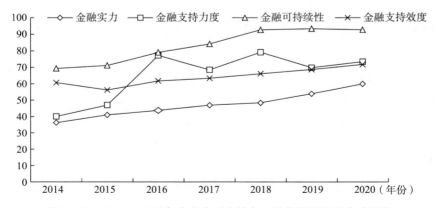

图 3 – 18 2014 ~ 2020 年广州金融支持各二级指数测评值变动趋势

（三）广州经济成效分项指数缓慢爬升

2014～2020 年，广州经济成效分项指数的排名相对于其他两个一级指数排名略有优势，但与前列城市相比还存在较大差距，2014～2016 年排名第三，从 2017 年开始一直位于第四。不过从变化趋势来看，广州经济成效分项指数一直处于缓慢爬升阶段（见图 3-19）。2020 年相对于 2014 年，经济成效分项指数增加了 36.33，增长量位于第三，高于重庆和上海。2020 年相对于 2019 年只增长了 3.20，增长量位于第二，仅次于北京的 3.74，因为其他城市经济成效分项指数都为负增长。

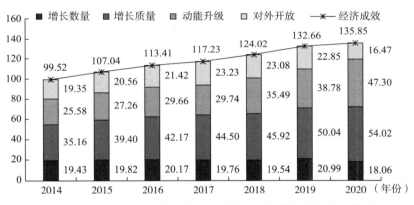

图 3-19　2014～2020 年广州经济成效分项指数构成及变动趋势

2015～2020 年，广州经济成效分项指数一直缓慢爬升，增长速度小幅波动，从 2015 年的 7.55% 递减到 2017 年的 3.37%，然后递增到 2019 年的 6.96%，最后在 2020 年降为 2.41%，年均增幅为 5.34%（见表 3-11）。广州增长质量指数的占比较大，动能升级指数的增长较快，是经济成效分项指数增长的主要原因，但是广州增长数量和对外开放指数的增长较为缓慢，特别是在 2020 年这两个二级指数还有较大幅度下降，拖累了经济成效分项指数在 2020 年的增速（见图 3-20）。总的来说，广州经济成效分项指数和另外两个一级指数有同样的问题，就是增速和基数都较小，故排名较为靠后。

表 3 - 11　广州经济成效分项指数及增长率

年份	经济成效分项指数	经济成效分项指数增长率（%）
2015	107.04	7.55
2016	113.41	5.96
2017	117.23	3.37
2018	124.02	5.79
2019	132.66	6.96
2020	135.85	2.41

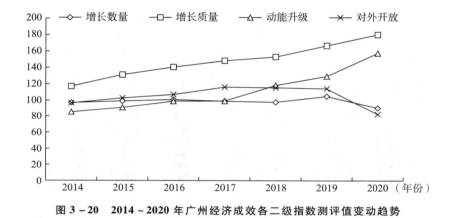

图 3 - 20　2014～2020 年广州经济成效各二级指数测评值变动趋势

三　深圳财经指数分项指数趋势分析

2014～2020 年，深圳财经指数一直在前三名徘徊。在财经指数分项指数中，经济成效分项指数一直位于第一，金融支持分项指数位于第三，财政支持分项指数除了在 2014 年位于第三外，其余年份都位于第四。在占比方面，从 2014 年以来经济成效分项指数占比最多，且都超过了一半，财政支持分项指数除 2020 年外其余年份占比第二，金融支持分项指数除 2020 年外其余年份占比最少（见图 3 - 21、图 3 - 22）。由于经济成效分项指数的巨大贡献，深圳财经指数排名相对靠前。

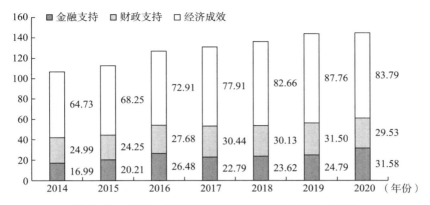

图 3 - 21　2014～2020 年深圳财经指数构成及变动趋势

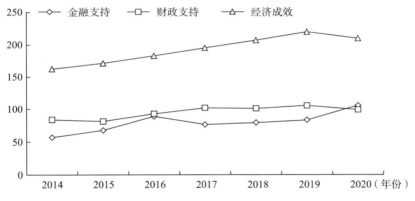

图 3 - 22　2014～2020 年深圳财经指数分项指数测评值变动趋势

（一）深圳财政支持分项指数增速缓慢

深圳财政支持分项指数除了在 2014 年位于第三以外，2015～2020 年都位于第四，排名较为靠后。2020 年和 2014 年相比，财政支持分项指数的增长量为 15.16，位于最后，2020 年和 2019 年相比，增长量为 -6.54，位于第五。除了在 2015 年、2018 年和 2020 年这三年财政支持分项指数有小幅下降之外，其余年份财政支持分项指数处于缓慢上升趋势（见图 3 - 23）。由于其分项指数基数和增速均较小，所以深圳财政支持分项指数排名靠后，甚至出现倒退情况。

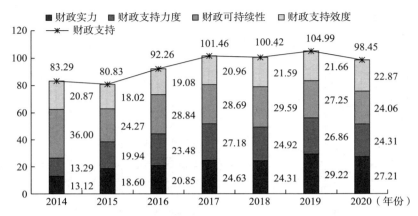

图 3 - 23   2014~2020 年深圳财政支持分项指数构成及变动趋势

2014~2020 年，深圳财政支持分项指数的增速为 18.20%，位于最后。深圳财政支持分项指数在 2015 年出现了小幅下降，降幅为 2.95%，在 2016 年和 2017 年出现了上涨，增长率分别为 14.13% 和 9.97%，在 2018 年又下降了 1.02%，然后在 2019 年又出现了小幅增长，增长率为 4.55%，最终在 2020 年同比下降 6.23%（见表 3 - 12）。2015~2020 年，年均增幅为 3.08%，属于非常低的水平，增速的反复不定拖累了深圳财政支持分项指数的平均增长速度。与 2014 年相比，2020 年深圳的财政实力指数、财政支持力度指数和财政支持效度指数都有所增长，但财政可持续性指数却有所下降，且下降幅度较大（见图 3 - 24），财政可持续性指数的下降是深圳财政支持分项指数排名靠后的一个重要原因。

表 3 - 12   深圳财政支持分项指数及其增长率

年份	财政支持分项指数	财政支持分项指数增长率（%）
2015	80.83	- 2.95
2016	92.26	14.13
2017	101.46	9.97
2018	100.42	- 1.02
2019	104.99	4.55
2020	98.45	- 6.23

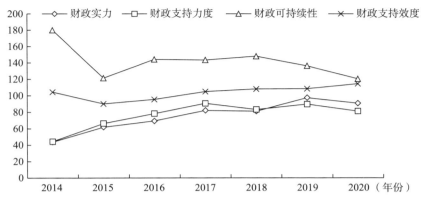

图 3 - 24　2014 ~ 2020 年深圳财政支持各二级指数测评值变动趋势

（二）深圳金融支持分项指数震荡增长

深圳金融支持分项指数排名一直位于第三，在震荡中增长，其二级指数也存在震荡（见表 3 - 13、图 3 - 25）。2014 ~ 2019 年，深圳金融支持分项指数的最大值为 2016 年的 88.27，2017 年下降至 75.97，之后虽缓慢增长，却未恢复至 2016 年的水平。2020 年，深圳金融支持分项指数终于创下了新高 105.26。2014 ~ 2020 年，深圳金融支持分项指数增长了 48.63，仅次于北京的 54.61，实力较为强劲。2020 年相对于 2019 年增长了 22.62，位于第一。由于深圳金融支持分项指数的基础可观，增速较快，故在五大城市中位于第三。

表 3 - 13　深圳金融支持分项指数及其增长率

年份	金融支持分项指数	金融支持分项指数增长率（%）
2015	67.38	18.99
2016	88.27	31.01
2017	75.97	- 13.94
2018	78.75	3.66
2019	82.64	4.94
2020	105.26	27.37

图3-25　2014~2020年深圳金融支持分项指数构成及变动趋势

2014~2020年，深圳金融支持分项指数的增长率为85.88%，遥遥领先于其他城市，位于第一。深圳金融支持分项指数在2015~2016年增速较快，2016年达到了最高增速31.01%。2017年下降13.94%，之后两年以不超过5%的速度小幅增长，最终在2020年增长率达到第二高，为27.37%。总体来说，2015~2020年，深圳金融支持分项指数的年均增幅达到了12.01%，较为可观，在五大城市的平均增速排名中较为靠前。2016年，金融支持力度指数和金融可持续性指数增长较快，金融支持效度指数的增长次之（见图3-26），使深圳金融支持分项指数迅速增长，增速达到最大值31.01%。2017年，这三个指数都有不同幅度的下降，导致金融支持分项指数负增长，

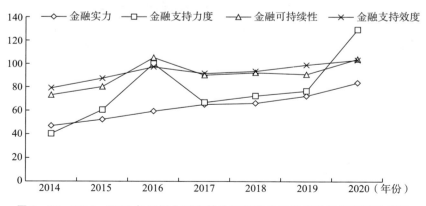

图3-26　2014~2020年深圳金融支持分项指数各二级指数测评值变动趋势

增速为 -13.94%。2020 年，金融支持分项指数迅速增长，增速达到 27.37%，仅次于 2016 年，主要原因在于金融支持力度指数的大幅增长。

（三）深圳经济成效分项指数遥遥领先

深圳的经济成效分项指数一直位于第一，2014～2019 年稳定上升，速度较为平缓，2020 年相较于 2019 年有轻微的下降（见图 3 - 27），不过影响不大，基数较大是其排名第一的有力支撑。从 2014 年到 2020 年，深圳经济成效分项指数的增长量为 47.65，仅次于北京的 52.21，位于第二，实力深厚。2020 年和 2019 年相比下降了 9.92，增长量排名第五。尽管在 2020 年增长量排名最后，但是由于其之前年度表现良好，基数可观，故深圳经济成效分项指数一直位于第一。

图 3 - 27　2014～2020 年深圳经济成效分项指数构成及变动趋势

2014～2020 年，深圳经济成效分项指数的增速为 29.44%，位于第四，仅高于上海的 21.54%。2014～2020 年，增速最大的为 2017 年的 6.85%，2020 年增速为负，为 -4.52%（见表 3 - 14）。总的来说，深圳经济成效分项指数每年增长率方差较小，增长缓慢，2020 年略有下降，但是整体较为平稳。深圳经济成效分项指数二级指数占比和增速差异都较大，而且增长方向也存在差异，导致其波动与增长速度较小（见图 3 - 28）。2020 年深圳经济成效分项指数下跌的原因是，除了增长质量指数处于增长之外，其余二级指数均有不同幅度的下降。总的来说，深圳经济成效分项指数基数较大，即使其增速较为缓慢，排名也一直遥遥领先。

表 3 - 14　深圳经济成效分项指数及其增长率

年份	经济成效分项指数	经济成效分项指数增长率（%）
2015	170.63	5.44
2016	182.28	6.82
2017	194.77	6.85
2018	206.65	6.10
2019	219.40	6.17
2020	209.48	-4.52

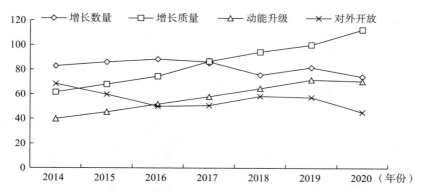

图 3 - 28　2014~2020 年深圳经济成效分项指数各二级指数测评值变动趋势

四　重庆财经指数分项指数趋势分析

2014~2020 年，重庆的财经指数排名一直位于最后。从分项指数可知，财政支持分项指数除了在 2014 年位于第四之外，其余年份都在第三名和第二名之间波动，金融支持和经济成效分项指数位于最后。从重庆财经指数各分项指数构成可知，各分项指数占比差别较大，虽然三个分项指数都呈增长趋势，但增长速度存在差距（见图 3 - 29、图 3 - 30）。从分项指数增长速度来看，财政支持分项指数增长速度最快，其余两个分项指数增长速度一般。

图 3-29 2014~2020 年重庆财经指数构成及变动趋势

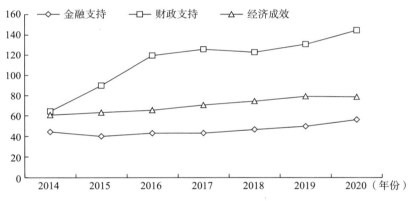

图 3-30 2014~2020 年重庆财经指数分项指数测评值变动趋势

（一）重庆财政支持分项指数动荡增长

重庆财政支持分项指数动荡增长，且增速方差较大。重庆财政支持分项指数在 2020 年达到 144.71，创下了新高。2014~2020 年，重庆财政支持分项指数增长 80.43，位居第一。2020 年相较于 2019 年增长了 13.63，同样位居第一。虽然其增长量遥遥领先，但由于其基数没有绝对优势，所以在五大城市中排名最好也是第二名。

相比于 2014 年，2020 年重庆财政支持分项指数的增长率为 125.12%，遥遥领先于其他城市，年均增幅为 15.47%，同样位居第一。财政支持分项指数在 2015 年和 2016 年这两年增速较快，都在 30% 以上，特别是在 2015年增长率接近 40%，2017 年增速放缓，只有 5.26%，2018 年出现负增长，

为 − 2.35%，接下来的年份增长速度都很缓慢，无法恢复至 2015 年和 2016 年
的水平，可以得知，各个年份之间增长率方差较大（见表 3 − 15、图 3 − 31）。
重庆财政支持分项指数各二级指数中财政实力指数占比最大，2016 ~ 2020
年超过 50%，而且在波动中上升，2020 年相比于 2014 年的增长量在四个二
级指数中排名第一。财政支持力度指数占比次之，财政可持续性和财政支
持效度指数占比较少，而且这三个指数 2014 ~ 2020 年的增长量较低。从波
动程度来看，财政支持效度、财政支持力度和财政可持续性指数都较为稳
定，但财政实力指数的波动较大（见图 3 − 32）。由于财政实力指数占比较
大，其波动趋势与财政支持指数的波动趋势基本同步。财政实力指数在
2015 年和 2016 年的快速增长使财政支持分项指数在这两年增长迅速，而
2018 年财政实力指数同比下降导致财政支持分项指数增长为负。

表 3 − 15　重庆财政支持分项指数及其增长率

年份	财政支持分项指数	财政支持分项指数增长率（%）
2015	89.96	39.95
2016	119.56	32.91
2017	125.85	5.26
2018	122.89	− 2.35
2019	131.08	6.66
2020	144.71	10.40

图 3 − 31　2014 ~ 2020 年重庆财政支持分项指数构成及变动趋势

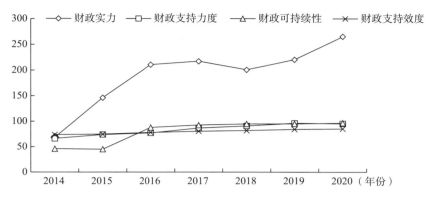

图 3 - 32　2014～2020 年重庆财政支持分项指数各二级指数测评值变动趋势

（二）重庆金融支持分项指数缓慢增长

　　重庆金融支持分项指数在五个城市中排名最后，2014～2020 年，重庆金融支持分项指数增长量为 11.84，位居最后，2020 年相较于 2014 年增长量为 6.35，位于第四，高于广州的 3.36。整体来看，重庆金融支持分项指数波动增长，但幅度不大，而且基数非常小，故其金融支持分项指数在五大城市排名第五。

　　相比于 2014 年，2020 年重庆金融支持分项指数的增长率为 26.68%，增长率排名第五，年均增幅为 4.28%，排名垫底。重庆金融支持分项指数在 2015 年出现唯一负增长，增长率为 - 9.57%，之后缓慢波动增长，在 2020 年达到增速最大值 12.73%（见表 3 - 16、图 3 - 33）。2015 年，金融支持效度、金融可持续性和金融支持力度指数下降（见图 3 - 34），导致重庆金融支持分项指数下降，特别是金融可持续性和金融支持力度指数的降幅较大。2016 年，金融实力、金融支持力度和金融支持效度指数增长，特别是金融支持力度指数增长较快，使 2016 年重庆金融支持分项指数转为增长。2017 年，各个二级指数此消彼长，相互抵消，使 2017 年金融支持分项指数增长率接近于零。2020 年，金融支持力度指数的大幅增长使重庆金融支持分项指数的增长率和绝对值双双创下新高。

表 3 - 16　重庆金融支持分项指数及其增长率

年份	金融支持分项指数	金融支持分项指数增长率（%）
2015	40.14	-9.57
2016	43.17	7.55
2017	43.27	0.22
2018	46.68	7.89
2019	49.88	6.85
2020	56.23	12.73

图 3 - 33　2014～2020 年重庆金融支持分项指数构成及变动趋势

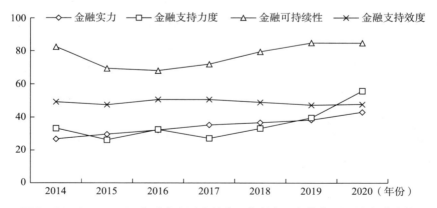

图 3 - 34　2014～2020 年重庆金融支持分项指数各二级指数测评值变动趋势

（三）重庆经济成效分项指数缓慢增长

重庆经济成效分项指数在 2014～2020 年一直位于第五，总体保持增长，增长幅度与波动均较小。2020 年相较于 2014 年，重庆经济成效分项指数的增长量为 17.99，增长量在五大城市中位居最后；2020 年相对于 2019 年，增长量为 -0.58，位于第三，次于北京和广州。增长量位于末尾，且基数也不占优势，是重庆经济成效分项指数一直位于第五的原因。

相比于 2014 年，2020 年重庆经济成效分项指数的增长率为 29.64%，排名第三，高于深圳和上海，但年均增幅只有 4.46%，排名较为靠后。2020 年，增长率达到最小值 -0.73%，2017 年增长率达到最大值 7.86%，最大值和最小值之间相差不超过 10 个百分点，波动相对较小（见表 3-17、图 3-35）。重庆经济成效分项指数各二级指数的占比差距较大，其中增长质量指数占比最大。各个二级指数变化趋势的差异也很大，2014～2020 年，动能升级指数和增长质量指数总的来说处于增加态势，其中动能升级指数在 2020 年相较于 2019 年有轻微下降，而增长数量和对外开放两个指数总体却处于下降态势（见图 3-36）。2015 年和 2016 年，对外开放指数下降较大，其余三个指数也增长乏力，所以拉低了这两年的经济成效分项指数增长率。而 2017 年除了增长数量指数，其余指数均有所增长，故 2017 年达到了增速的最大值，为 7.86%。2020 年，除了增长质量指数之外的其他指数都出现了不同幅度的下降，所以 2020 年首次出现了负增长，增长率为 -0.73%。

表 3-17　重庆经济成效分项指数及其增长率

年份	经济成效分项指数	经济成效分项指数增长率（%）
2015	63.11	3.97
2016	65.41	3.64
2017	70.55	7.86
2018	74.44	5.52
2019	79.27	6.48
2020	78.70	-0.73

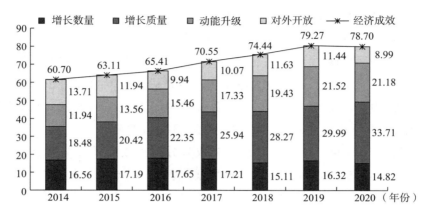

图 3 – 35 2014～2020 年重庆经济成效分项指数构成及变动趋势

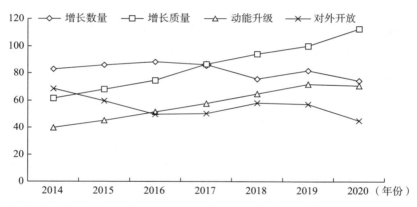

图 3 – 36 2014～2020 年重庆经济成效分项指数各二级指数测评值变动趋势

第四节 北京优势识别

本章首先通过五个城市七年间财经指数增长的对比分析，将五个城市划分为两大增长梯队且发现梯队间的差距呈波动性扩大趋势，但梯队内部差距逐渐缩小。北京得益于自身遥遥领先的金融支持分项指数和具有一定优势的财政支持分项指数，稳居第一梯队前列，并于 2020 年成为榜首。为了进一步分析北京的优势所在，并为其巩固自身地位提供借鉴经验，本章对财经指数的一级指标做出横向比较和趋势分析，从而识别出北京的优势所在。

在发展水平上，北京在金融支持方面遥遥领先。北京七年间在金融支持和财政支持两大分项指数上占据优势，尤其是金融支持分项指数遥遥领先于其他四市，财政支持分项指数和前位城市差距不大，但相较后位城市存在优势；相对劣势主要体现在经济成效分项指数和稳居首位的深圳拉开了较大差距。

在发展趋势上，北京在经济成效提升上有很大潜力。通过对构成财经指数的三个分项指数的趋势分析可知，尽管新冠病毒感染疫情使五大城市的财经指数增长存在较大波动性，但北京受到疫情影响相对较小。七年间其金融支持和财政支持分项指数的平均增长率仅排在第三和第四名，这固然有初始值较大的原因，但也说明北京的优势分项指数和其他四市的差距有缩小的趋势。同时，作为分项指数数值短板的经济成效分项指数的平均增长率却高居首位，从长远来看，该分项指数的快速发展必将带动北京财经指数的进一步提升。

根据上述分析，建议北京立足自身发展实际，同时借鉴其他城市的发展经验，不断奋进，实现经济高质量发展。在具有较大提升空间的财政支持分项指数和经济成效分项指数方面，同为第一梯队的上海和深圳为北京提供了相应经验。建议北京巩固自身在金融支持和财政支持分项指数上的优势，并补齐经济成效分项指数的相对短板，加快扶持产业向高精尖转型，加大政府支持力度，提升发展质量，在实现高质量发展的道路上不断向前。

第四章
五大城市财政支持比较与北京优势识别

近年来，我国加快推动构建新发展格局，腾出更多财政资源保重点、补短板，各地区财政支持力度逐渐加大。本章选取北京、上海、广州、深圳和重庆五大城市作为案例，通过横向对比，重点分析北京财政发展的优势及短板，为进一步促进北京经济社会事业高质量发展提供理论基础。本章从财政实力、财政支持力度、财政可持续性和财政支持效度四个方面进行分析，得出如下结论：北京财政实力指数整体处于波动上升态势；财政支持力度指数在五大城市中排名较高，前期稳步上升，近两年逐渐呈现回落趋势；财政可持续性指数受新冠病毒感染疫情影响有所下滑，其中在土地出让收入占一般公共预算收入比重和一般公共预算收入与一般公共预算总支出的比值两个测评值上，北京相较其他四大城市具有相对优势；财政支持效度指数有所上升。

第一节　北京财政实力指数波动上升

2020 年，五大城市财政实力指数排序为：上海、重庆、北京、广州、深圳（见图 4 - 1）。从五大城市财政实力指数排名来看，从 2016 年起北京财政实力指数一直处于第三位；上海和重庆两个城市的财政实力强于北京，2016 年以来稳居第一和第二的位置；广州和深圳两城市的财政实力明显弱于北京，始终排最后两位。从五大城市财政实力指数的变化情况来看，北京财政实力指数在 2014 ~ 2020 年总体处于波动上升趋势，其中 2016 年和2018 年有小幅下降，但随后拉升；上海总体可分为 2014 ~ 2016 年和 2017 ~2020 年两个上升波段，且 2014 ~ 2016 年增长幅度较大；广州 2016 ~ 2018 年财政实力指数上升较快，虽然 2019 年有所回落，但总体呈现上升趋势；重庆 2014～2016 年财政实力指数增长较为明显，随后增速下降；深圳财政实力指数在五大城市中变动最为平稳，2014～2020 年整体波动不大。相较于2019 年，2020 年北京财政实力指数由 210 上升至 219，增长率为 3.91%；上海由 246 上升至 292，增长率为 18.94%；深圳由 97 下降至 91，增长率为−6.87%；广州由 84 上升至 116，增长率为 37.97%；重庆由 221 上升至265，增长率为 20.26%（见图 4-1、表 4-1）。

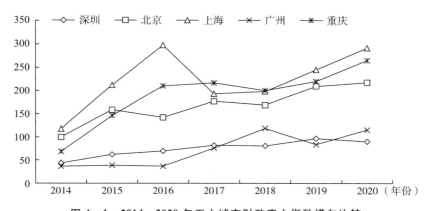

图 4-1　2014～2020 年五大城市财政实力指数横向比较

表 4-1　2015～2020 年五大城市财政实力指数增长率变化

单位：%

城市	2015 年	2016 年	2017 年	2018 年	2019 年	2020 年
北京	58.82	-10.36	24.41	-4.66	24.62	3.91
上海	80.51	40.24	-35.04	2.85	23.40	18.94
深圳	41.73	12.07	18.14	-1.28	20.18	-6.87
广州	6.06	-4.65	106.96	56.39	-29.32	37.97
重庆	113.93	44.21	3.15	-7.63	9.86	20.26

注：表中增长率数据由原始数据在 excel 中自动计算得出，文中的增长率相关数据精确到小数点后两位，而文中指数和测评值数据取整数，因此使用文中指数和测评值数据计算的增长率与表中增长率数据会存在差异，这是四舍五入导致的。全书同此，不再另行说明。

一　北京一般公共预算收入上升趋势有所回落

2020 年，北京一般公共预算收入测评值表现较为突出，总体呈上升趋势，在五大城市中排名第三，略低于上海，远高于深圳和广州。从增长变动来看，2020 年北京一般公共预算收入测评值与 2014 年相比实现较大增长，增长 36（见图 4 - 2）。从增长率来看，北京一般公共预算收入测评值增长率在 2015 ~ 2020 年逐步下降，增长率在 2015 年为 20.37%，而在 2020 年下降为 - 1.66%（见表 4 - 2）。从城市对比来看，广州的一般公共预算收入测评值在 2014 ~ 2020 年始终保持在五大城市末位；深圳的一般公共预算收入测评值始终处于第四位；上海 2015 ~ 2019 年的一般公共预算收入测评值保持在五大城市首位；2020 年重庆反超上海成为首位。上海和深圳的一般公共预算收入测评值增长率总体上呈逐步下降态势，上海和深圳在 2015 年增长率较高，分别为 30.93% 和 17.30%，而在 2020 年增长率较低，分别为 2.24% 和 - 5.73%。重庆与其他城市相比增长率较高，2015 年增长率高达 70.79%，2016 年、2017 年增长率分别为 27.25% 和 21.69%。虽然 2020 年北京一般公共预算收入测评值有所回落，但考虑到北京的经济增长潜力较大和人力资源聚集能力较强，预计未来北京一般公共预算收入测评值仍将在五大城市中处于高位且保持增长态势。相较于 2019 年，2020 年北京市一般公共预算收入测评值由 144 下降至 136，上海由 178 下降至 175，深圳由 94 上升至 96，广州由 42 上升至 43，重庆由 174 上升至 190。

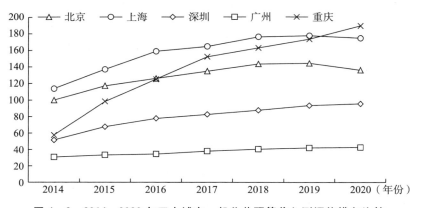

图 4 - 2　2014 ~ 2020 年五大城市一般公共预算收入测评值横向比较

表4-2　2015~2020年五大城市一般公共预算收入测评值增长率变化

单位：%

城市	2015年	2016年	2017年	2018年	2019年	2020年
北京	20.37	16.06	3.69	7.01	0.80	-1.66
上海	30.93	15.02	6.24	6.19	6.63	2.24
深圳	17.30	7.57	6.88	6.54	0.54	-5.73
广州	8.56	3.27	10.27	6.34	3.85	1.44
重庆	70.79	27.25	21.69	7.04	6.54	9.10

二　北京土地出让收入总体有所提高但波动大

2020年，北京土地出让收入测评值位居第四。北京土地出让收入测评值总体呈波动上升趋势，其中，2017年北京加大土地供应，调整供地结构，增加住宅用地供应，使土地出让收入出现激增，测评值远高于其他四大城市。但在2018年土地市场稳定后迅速回落，2019~2020年有小幅上升，总体处于中等水平。从增长变动来看，2020年北京土地出让收入测评值与2014年相比有较大幅度的增长，测评值增长了140（见图4-3）。从增长率来看，北京2017年土地出让收入测评值的增长率远超其他城市，达151.77%，但在2016年、2018年出现负增长（见表4-3）。从城市对比来看，上海土地出让收入测评值排名总体靠前，深圳、重庆的土地出让收入

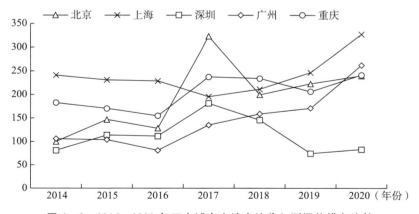

图4-3　2014~2020年五大城市土地出让收入测评值横向比较

测评值变化趋势比较接近，均在 2017 年和 2020 年保持增长。2020 年，五个城市的土地出让收入测评值增长率差距明显，其中广州增长率最高，达到 53.31%；北京增长率最低，为 7.57%。相较于 2019 年，2020 年北京土地出让收入测评值由 223 上升至 240，上海由 247 上升至 327，深圳由 75 上升至 83，广州由 171 上升至 262，重庆由 206 上升至 242。

表 4-3 2015~2020 年五大城市土地出让收入测评值增长率变化

单位：%

城市	2015 年	2016 年	2017 年	2018 年	2019 年	2020 年
北京	46.97	-12.62	151.77	-38.23	11.76	7.57
上海	-4.16	-0.96	-14.53	8.14	16.64	32.69
深圳	39.99	-2.03	62.55	-19.69	-48.75	11.61
广州	-1.98	-21.85	66.46	17.62	7.47	53.31
重庆	-6.73	-9.08	53.33	-1.39	-11.94	17.13

三 北京债务收入总体呈上升趋势

2020 年，北京债务收入测评值位居第三。2014 年以来，北京债务收入测评值总体呈上升趋势，其中 2015 年出现大幅上升，2016 年出现下降，2017~2018 年保持平稳发展，2019 年、2020 年增长较快。从增长变动来看，2020 年北京债务收入测评值与 2014 年相比实现迅速增长，测评值增长了 893（见图 4-4）。从增长率来看，北京市 2015 年和 2019 年债务收入测评值的增长率较高，分别达到 466.07% 和 95.58%，但在其他年份增长率较低或为负增长（见表 4-4）。深圳的债务收入测评值始终处于较低水平，2019 年有较大幅度的上升，2020 年有所回落。2020 年，广州债务收入测评值的增长率最高，达到 67.76%；深圳债务收入测评值的增长率最低，为 -34.26%。相较于 2019 年，2020 年北京债务收入测评值由 820 上升至 993，上海由 939 上升至 1300，深圳由 233 下降至 153，广州由 262 上升至 439，重庆由 931 上升至 1268。

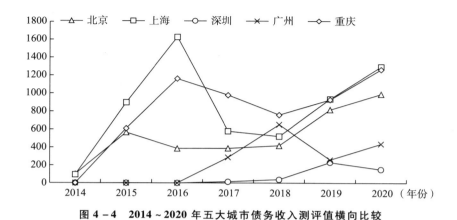

图 4 - 4　2014～2020 年五大城市债务收入测评值横向比较

表 4 - 4　2015～2020 年五大城市债务收入测评值增长率变化

单位：%

城市	2015 年	2016 年	2017 年	2018 年	2019 年	2020 年
北京	466.07	-31.69	0.57	7.81	95.58	21.08
上海	861.90	81.52	-64.40	-9.86	79.56	38.45
深圳	0.00	0.00	0.00	162.00	499.24	-34.26
广州	0.00	0.00	0.00	127.09	-60.04	67.76
重庆	0.00	90.51	-15.75	-22.30	22.28	36.20

四　北京市政府财力整体进入下降通道

2020 年，北京市政府财力测评值排名第二，在五大城市中表现较为突出。2014～2020 年，北京市政府财力测评值在五大城市中始终保持前两名，总体表现平稳，其中 2017 年出现较大幅度上升（见图 4 - 5）。从增长变动来看，2020 年北京的政府财力测评值相对于 2014 年有小幅增长，测评值增长量为 2。从增长率来看，北京 2017 年政府财力测评值增长较快，增长率达到 28.65%，而其余年份增长率较低或为负增长（见表 4 - 5）。从五大城市对比来看，上海的政府财力测评值整体较高，北京的政府财力测评值远高于重庆、深圳、广州，其中 2017 年北京的政府财力测评值超过上海，居五大城市首位。上海 2019 年增长较为缓慢，增长率为 1.59%，其余年份的增长率均高于 2019 年；深圳在 2015 年增长较快，增长率达到 57.66%，2018 年和 2020 年出现负增长，增长率分别为 -6.56% 和 -1.46%；重庆 2017 年增长较为迅速，增长率为 20.13%，其他年份保持较低水平的增长速度；广州的政府财力测评值虽然在五大城市中排在最后，但 2017 年的增长率达到 24.59%。相较于 2019 年，2020 年北京市政府财力测评值由 121 下降至 102，上海由 140 上升至 148，深圳由 73 下降至 72，广州由 60 上升至 72，重庆由 94 上升至 97。2020 年，北京市政府财力测评值较 2019 年下降最快，降幅达 15.40%；其后是深圳，降幅为 1.46%；重庆和上海的政府财力测评值分别增长 3.09% 和 6.32%；广州的政府财力测评值大幅上涨 20.14%。

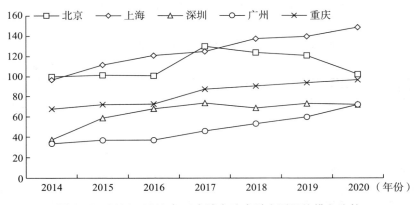

图 4-5　2014～2020 年五大城市政府财力测评值横向比较

表 4-5　2015～2020 年五大城市政府财力测评值增长率变化

单位：%

城市	2015 年	2016 年	2017 年	2018 年	2019 年	2020 年
北京	1.50	-0.51	28.65	-4.72	-2.34	-15.40
上海	15.55	8.28	3.23	10.04	1.59	6.32
深圳	57.66	15.52	8.07	-6.56	6.38	-1.46
广州	10.14	0.29	24.59	15.59	12.44	20.14
重庆	6.44	0.74	20.13	3.68	3.82	3.09

第二节　北京财政支持力度指数升中有落

2020年，五大城市财政支持力度指数排序为：上海、北京、重庆、深圳、广州。从五大城市财政支持力度指数排名来看，五大城市的财政支持力度指数排名无较大波动，北京在2014年与上海并列第一，2015～2020年始终位居第二，且与第一名上海相差不大；上海财政支持力度指数连续五年第一，具有绝对领先优势；广州和重庆的财政支持力度指数变动趋势较为相似，2014～2020年保持平稳增长态势；深圳总体呈上升趋势，分别于2018年和2020年出现小幅降低。从五大城市财政支持力度指数变化情况来看，五大城市的财政支持力度指数在2014～2020年总体呈上升趋势，深圳在2018年有所下降，随后回升，北京、上海和深圳在2019年和2020年均有小幅下滑。相较于2019年，2020年北京财政支持力度指数由143下降至126，增长率为 -12.03%；上海由156下降至149，增长率为 -4.64%；深圳由90下降至81，增长率为 -9.51%；广州由63上升至64，增长率为1.88%（见图4-6、表4-6）。

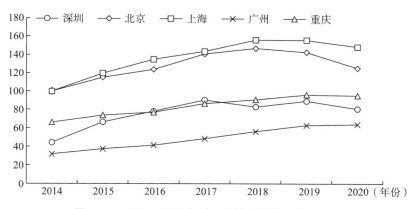

图4-6　2014～2020年财政支持力度指数横向比较

表 4 - 6　2015~2020 年五大城市财政支持力度指数增长率变化

单位：%

城市	2015 年	2016 年	2017 年	2018 年	2019 年	2020 年
深圳	50.02	17.77	15.71	-8.29	7.79	-9.51
北京	15.20	7.69	13.63	4.35	-2.87	-12.03
上海	19.93	12.81	6.37	8.75	-0.13	-4.64
广州	17.65	10.91	16.85	15.98	11.96	1.88
重庆	11.68	4.38	12.35	5.01	5.95	-0.85

一　北京一般公共预算总支出总体上升

2020 年，北京一般公共预算总支出测评值位居第二（见图 4 - 7）。2014~2020 年，北京一般公共预算总支出测评值总体呈上升趋势，测评值在五大城市中排名第二，略低于上海，远远高于深圳、重庆和广州。2014~2018 年，北京一般公共预算总支出测评值稳中有升，但 2019 年出现下降，2020 年有所回升。从增长变动来看，2020 年北京一般公共预算总支出测评值相对于 2014 年变化较大，测评值增长 57。从增长率来看，北京一般公共预算总支出测评值的增长变动较快，2015 年的增长率为 26.81%，2017 年下降为 6.52%，2018 年出现小幅上升，增长率为 9.48%，而 2019 年出现负增长，增长率为 -5.89%，2020 年有所回升，增长率为 1.21%（见表 4 - 7）。从五大城市对比来看，五大城市的一般公共预算总支出测评值整体呈上升趋势。上海的一般公共预算总支出测评值在五大城市中排名第一，且与北京的变化趋势较为相似，2014~2018 年处于上升趋势，2019 年出现下降，不同的是，北京于 2020 年有所回升，而上海在 2020 年继续下降。深圳与重庆的排名处于中间位置，广州则排在最后一位。广州与重庆的变化趋势一致，2014~2020 年处于上升趋势。深圳 2014~2017 年有较快增长，而 2018 年和 2020 年呈下降趋势。相较于 2019 年，2020 年北京一般公共预算总支出测评值由 155 上升至 157，上海由 181 下降至 179，深圳由 101 下降至 92，广州由 63 上升至 65，重庆由 107 上升至 108。2020 年，广州一般公共预算总支出测评值较 2019 年增长 3.06%，位于五大城市之首；北京一般公共预算总支出测评值较 2019 年增长 1.21%，位于第二；深圳一般公共预算总支出测评值较 2019 年下降 8.19%，位于五大城市之末。

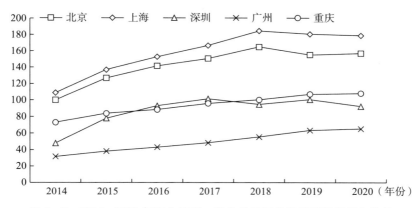

图 4 - 7　2014～2020 年五大城市一般公共预算总支出测评值横向比较

表 4 - 7　2015～2020 年五大城市一般公共预算总支出测评值增长率变化

单位：%

城市	2015 年	2016 年	2017 年	2018 年	2019 年	2020 年
北京	26.81	11.66	6.52	9.48	-5.89	1.21
上海	25.76	11.75	9.09	10.65	-2.06	-0.94
深圳	62.58	19.58	9.09	-6.78	6.27	-8.19
广州	20.30	12.50	12.46	14.65	14.32	3.06
重庆	14.83	5.49	8.37	4.70	6.76	0.95

二　北京公共性支出总体上升

2020 年，北京公共性支出测评值位居第二（见图 4 - 8）。2014 年和 2015 年，北京公共性支出测评值居五大城市首位，2016～2020 年排名第二，远远高于重庆、深圳和广州，其中北京公共性支出测评值 2014～2018 年上升较快，2019 年上升平缓，2020 年开始下降。从增长变动来看，北京公共性支出测评值 2020 年与 2014 年相比增长较大，增长 54，高于重庆、深圳和广州的增长量。从增长率来看，北京公共性支出测评值的增长率总体来说呈下降趋势，2015 年增长率为 31.81%，而 2020 年增长率为 -11.36%（见表 4 - 8）。从五大城市对比来看，2014～2020 年，除广州持续上升外，其他四大城市公共性支出测评值总体呈先升后降趋势。上海公共性支出测评值较高，2014年和2015年排名第二，2016~2020年保持首位。重庆、深圳和广州分别居于第三、第四和第五位，其中，重庆和广州的变动趋势较为相似。深圳2014~2017年保持上升趋势，而2018年呈下降趋势。相较于2019年，2020年北京公共性支出测评值由173下降至154，上海由176下降至172，深圳略有上升，广州由70上升至74，重庆由120下降至117。

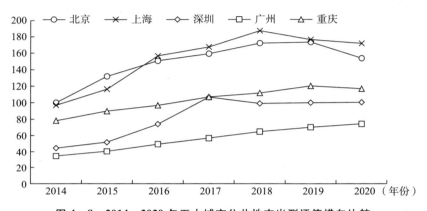

图4-8 2014~2020年五大城市公共性支出测评值横向比较

表4-8 2015~2020年五大城市公共性支出测评值增长率变化

单位：%

城市	2015年	2016年	2017年	2018年	2019年	2020年
北京	31.81	14.33	5.66	8.07	0.76	-11.36
上海	20.02	34.66	6.89	11.79	-5.73	-2.70
深圳	16.25	42.57	44.35	-7.10	0.97	0.37
广州	17.16	21.87	15.01	13.92	8.30	5.95
重庆	14.87	7.79	10.52	4.45	7.72	-2.87

三 北京经济性支出波动趋降

2020年，北京经济性支出测评值位居第四（见图4-9）。北京的经济性支出测评值波动较大，2014~2016年呈下降趋势，2017年呈上升趋势，随后又呈下降趋势，但总体表现较为突出，其中2014年和2017年在五大城市中排首位。从增长变动来看，北京经济性支出测评值 2020 年与 2014 年相比降幅较大，下降量为 33。从增长率来看，北京经济性支出测评值仅 2017 年增长速度较快，增长率为 64.39%，其他年份均为负增长，其中 2020 年增长率最低，为 -21.10%（见表 4 - 9）。从五大城市对比来看，五大城市经济性支出测评值波动趋势存在一定区别：上海、重庆和广州总体呈波动上升趋势；深圳 2014 ~ 2016 年呈上升趋势，2017 ~ 2018 年呈下降趋势，2019 年实现上升，2020 年再次回落；北京总体呈波动下降趋势。上海的经济性支出测评值仅在 2014 年和 2017 年排名第二，其他年份保持首位，且远远高于深圳、重庆和广州三大城市。相较于 2019 年，2020 年北京经济性支出测评值由 85 下降至 67，上海由 114 上升至 132，深圳由 54 下降至 52，广州由 53 上升至 70，重庆由 75 上升至 83。

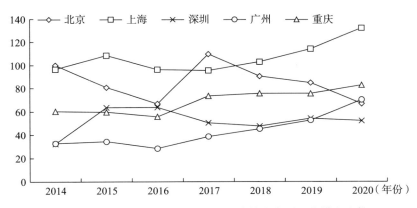

图 4 - 9　2014 ~ 2020 年五大城市经济性支出测评值横向比较

表 4 - 9　2015 ~ 2020 年五大城市经济性支出测评值增长率变化

单位：%

城市	2015 年	2016 年	2017 年	2018 年	2019 年	2020 年
北京	- 19.38	- 17.21	64.39	- 17.50	- 6.41	- 21.10
上海	12.45	- 11.20	- 0.87	7.93	10.76	15.92
深圳	97.08	0.32	- 20.89	- 5.77	14.15	- 3.79
广州	5.03	- 17.27	36.07	17.29	16.52	33.14
重庆	- 1.09	- 6.56	31.62	2.91	- 0.15	9.63

四 北京创新类支出同步骤降

2020 年，北京创新类支出测评值虽然与其他城市呈现同步骤然下降趋势，但仍居首位（见图 4-10）。2014~2020 年，北京的创新类支出测评值一直保持在五大城市首位，且远高于深圳、重庆和广州，其中 2014~2019 年北京创新类支出测评值处于上升趋势，而 2020 年呈下降趋势。从增长变动来看，相比于 2014 年，北京创新类支出测评值在 2020 年有所降低。从增长率来看，北京的创新类支出测评值在 2017 年增长率较高，达到 12.20%，而在 2020 年出现负增长，增长率为 -35.81%，其他年份增长速度较慢（见表 4-10）。从五大城市对比来看，上海、广州、重庆创新类支出测评值的变化趋势与北京大体相同，2014~2019 年保持上升趋势，而 2020 年出现下降。上海的创新类支出测评值排名第二，且远高于深圳、重庆和广州三个城市。深圳创新类支出测评值 2014~2017 年呈上升趋势，而 2018 年和 2020 年呈下降趋势。2020 年，五大城市均呈现不同幅度的负增长，其中上海增长率最低，为 -35.99%；重庆下降幅度较小，增长率为 -13.82%。相较于 2019 年，2020 年北京创新类支出测评值由 146 下降至 93，上海由 128 下降至 82，深圳由 92 下降至 68，广州由 65 下降至 46，重庆由 72 下降至 62。

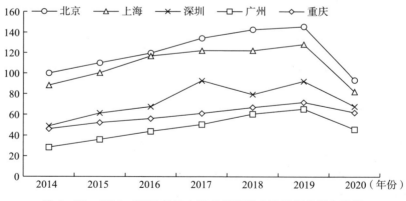

图 4-10　2014~2020 年五大城市创新类支出测评值横向比较

表 4 - 10　2015～2020 年五大城市创新类支出测评值增长率变化

单位：%

城市	2015 年	2016 年	2017 年	2018 年	2019 年	2020 年
北京	9.97	8.83	12.20	6.26	2.01	-35.81
上海	13.64	16.35	4.56	0.03	5.10	-35.99
深圳	25.22	10.29	37.19	-14.33	16.12	-26.47
广州	26.87	22.06	15.10	19.85	8.15	-29.94
重庆	13.01	7.48	8.90	9.52	7.48	-13.82

第三节　北京财政可持续性指数稳中有降

2014～2020 年，五大城市的财政可持续性指数排名有较大的变动，除深圳稳居榜首外，其他城市财政可持续性指数排名呈波动性变化（见图 4 - 11）。北京 2020 年位居第四，与 2014 年位居第二相比有所下降，指数也由 2014 年的 100 下降至 2020 年的 81，除 2018 年为正向增长（增长率为 4.28%）之外，其余年份均呈小幅下降（见表 4 - 11）。上海 2020 年相较 2014 年有小幅下降，指数由 2014 年的 89 下降至 2020 年的 84，是五大城市中波动幅度最小的，除 2016 年与北京并列第二外，其他年份均排名第三。深圳财政可持续性指数连续五年位居榜首，说明深圳财政可持续性指数相比于国内其他城市具有绝对优势。广州财政可持续性指数 2020 年较 2014 年有所上升，其中 2016 年增长率达到 43.28%，出现了较大幅度的增长，2017 年后增长率均为负数，呈逐年下降趋势。2020 年，重庆财政可持续性指数较 2014 年有所上升，由 46 上升至 97，增长量为 51，增长趋势十分显著，排名由第五名上升至第二名。相较于 2019 年，2020 年北京财政可持续性指数由 86 下降至 81，上海由 90 下降至 84，深圳由 136 下降至 120，广州由 73 下降至 69，重庆由 95 上升至 97。

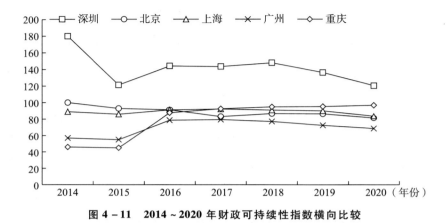

图 4-11 2014~2020 年财政可持续性指数横向比较

表 4-11 2015~2019 年五大城市财政可持续性指数增长率变化

单位：%

城市	2015 年	2016 年	2017 年	2018 年	2019 年	2020 年
北京	-7.08	-1.65	-8.99	4.28	-0.27	-5.88
上海	-3.37	6.08	1.18	-1.4	-1.08	-7.24
深圳	-32.59	18.84	-0.52	3.14	-7.91	-11.7
广州	-3.51	43.28	0.85	-2.97	-5.88	-5.44
重庆	-2.17	95.05	5.5	2.42	0.43	1.57

一 北京土地出让收入占一般公共预算收入比重排名靠后

2020 年，北京土地出让收入占一般公共预算收入比重测评值排名第四。2020 年，广州及重庆的土地出让收入占一般公共预算收入比重测评值遥遥领先于其他城市，北京的土地出让收入占一般公共预算收入比重测评值较低（见图 4-12）。虽然北京的土地出让收入占一般公共预算收入比重测评值排名靠后，但是北京该测评值经过 2016 年的小幅下降后，2017 年增长率高达135.57%，远远高于其他城市的增长率（见表 4-12）。此外，北京土地出让收入占一般公共预算收入比重的测评值 2020 年与 2014 年相比增长了 76，可见北京土地出让收入占一般公共预算收入比重指数仍然具有较强的增长势头。上海 2014 年该测评值排名处于五大城市中第三位，2018~2020 年具有逐年递增的趋势，2020 年增长率最高，为 34.93%。2014 年，深圳该测评值处于五大城市中第四位，2020 年排名第五，排名有所下降。重庆与广州在 2015～2016 年持续下降，2017 年有较大幅度提升，增长率分别为 51.69% 和 50.96%。重庆在 2018 年及 2019 年有小幅的下降，但排名仍然保持高位，2020 年位居第二。广州在 2016 年之后保持快速增长的趋势，2020 年增长率达 51.14%，居五大城市首位。相较于 2019 年，2020 年北京土地出让收入占一般公共预算收入比重的测评值由 155 上升至 176，上海由 139 上升至 187，深圳由 80 上升至 87，广州由 406 上升至 613，重庆由 389 上升至 465。

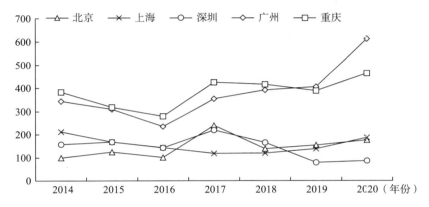

图 4－12　2014～2020 年五大城市土地出让收入占一般公共预算收入
比重测评值横向比较

表 4－12　2015～2020 年五大城市土地出让收入占一般公共预算收入
比重测评值增长率变化

单位：%

城市	2015 年	2016 年	2017 年	2018 年	2019 年	2020 年
北京	25.29	-18.77	135.57	-42.02	11.16	14.10
上海	-20.37	-14.67	-17.57	1.05	15.71	34.93
深圳	6.92	-14.82	53.00	-24.37	-51.93	9.17
广州	-9.70	-24.32	50.96	10.60	3.48	51.14
重庆	-16.82	-12.05	51.69	-1.99	-6.54	19.36

二　北京税收收入占一般公共预算收入比重持续领先

2020 年，北京税收收入占一般公共预算收入比重测评值排名第一（见

图4－13）。2014～2020年，五大城市税收收入占一般公共预算收入比重测评值的变动较为平稳，各城市之间的差距也较小，北京及上海排名均较为靠前，具有领先优势。北京该测评值2020年与2014年相比有所下滑，由100下降至88，除2018年及2020年外，其他年份北京该测评值增长率均为负数，2020年略有上升，但增长率较小，为2.14%（见表4－13）。虽然北京2020年该测评值与2014年相比有所下降，但是由于初始基数较高，北京的税收收入占一般公共预算收入比重测评值排名仍然处于各城市前列，说明北京作为首都税收较多，政府有较高的税收收入来保障财政的可持续性。上海2020年排名第二，仅次于北京，说明作为全国经济中心，上海的经济发展位于全国前列，企业经济情况较好，可以保障政府有充足的税收收入。深圳与广州两个城市的变动趋势极为相近，2020年分别列于五大城市中第三名与第四名，除2017年及2018年保持正向增长外，其余年份均保持小幅下降的趋势。重庆位于五大城市末尾，但整体有小幅提高，税收收入占一般公共预算收入比重测评值从2014年的70上升至2020年的71，除2016年及2020年增长率为负数外，其他年份均保持正向增长，是2020年相较于2014年唯一有所提高的城市。相较于2019年，2020年北京税收收入占一般公共预算收入比重的测评值由86上升至88，上海由90下降至86，深圳由85下降至83，广州由81下降至79，重庆由75下降至71。

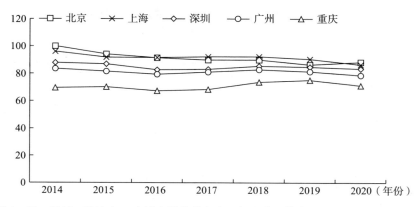

图4－13　2014～2020年五大城市税收收入占一般公共预算收入比重测评值横向比较

表 4 - 13　2015 ~ 2020 年五大城市税收收入占一般公共预算收入比重测评值增长率变化

单位：%

城市	2015 年	2016 年	2017 年	2018 年	2019 年	2020 年
北京	- 5.86	- 2.91	- 1.74	0.13	- 3.84	2.14
上海	- 4.34	- 0.22	0.55	0.13	- 1.88	- 4.44
深圳	- 1.10	- 4.77	0.41	2.85	- 0.77	- 1.57
广州	- 2.35	- 2.62	2.02	2.10	- 1.65	- 3.34
重庆	0.94	- 4.10	1.52	7.93	2.03	- 5.37

三　北京政府债务余额占 GDP 比重居中位

2020 年，北京政府债务余额占 GDP 比重测评值排名第三（见图 4 - 14）。2020 年，在政府债务余额占 GDP 比重的测评值排名中，排名第一及第五的城市分别为重庆、上海、北京、广州及深圳，各个城市之间的绝对值差距较大。北京 2020 年增长率达到 19.67%，2016 年增长率达到 15.96%，其余年份波动幅度均较小（见表 4 - 14），说明北京市政府严格控制政府债务余额，降低政府债务余额过大带来的负面影响。上海于 2020 年大幅上涨，增长率达到 18.74%，说明疫情之后作为全国的经济重心，上海正在不断扩大债务规模来稳定当地经济。深圳 2020 年增长率为 46.85%，远远高于其他城市 2020 年的增长率。但由于深圳初始基数较低，该测评值虽呈上升趋势，

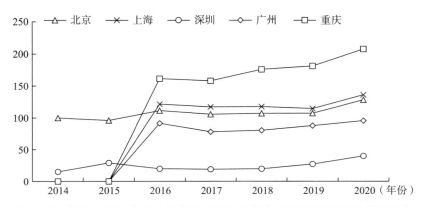

图 4 - 14　2014 ~ 2020 年五大城市政府债务余额占 GDP 比重测评值横向比较

但仍然远低于其他四大城市，2020 年排五大城市末位。广州自 2018 年开始
有所上升，2020 年增长率达到 8.78%，从 2016 年开始一直位于第四。重庆
2020 年居五大城市第一位，且测评值远远高于其他四个城市，其在 2017 年
后稳步上升，说明重庆政府正在不断扩大债务规模。相较于 2019 年，2020
年北京政府债务余额占 GDP 比重的测评值由 107 上升至 128，上海由 115 上
升至 136，深圳由 27 上升至 40，广州由 88 上升至 96，重庆由 181 上升至 208。

表 4 - 14　2015 ~ 2020 年五大城市政府债务余额占 GDP 比重测评值增长率变化

单位：%

城市	2015 年	2016 年	2017 年	2018 年	2019 年	2020 年
北京	- 3.97	15.96	- 5.05	1.26	0.15	19.67
上海	—	—	- 3.72	0.54	- 2.66	18.74
深圳	93.91	- 31.69	- 4.46	3.26	38.71	46.85
广州	—	—	- 14.63	2.92	9.27	8.78
重庆	—	—	- 2.16	11.34	3.06	14.55

四　北京一般公共预算收入与一般公共预算总支出的比值排名下滑

2020 年，北京一般公共预算收入与一般公共预算总支出的比值测评值
排名第四（见图 4 - 15）。2014 ~ 2020 年，在一般公共预算收入与一般公共
预算总支出的比值测评值中，只有重庆呈大幅上升趋势，从 2014 年的末位
一跃成为第一名，其他城市均出现不同幅度的降低。2020 年，北京在五大
城市中排名第四，测评值较 2019 年有所下降，下降率为 6.86%。上海 2020
年居五大城市第三位，有小幅下降趋势，2020 年的下降率为 0.72%。深圳
在 2014 ~ 2020 年呈波动趋势，经过 2015 ~ 2017 年连续三年下降后，从 2018
年开始保持正向增长，2020 年测评值为 104，但仍未回升至 2014 年的水平
108。广州在 2014 ~ 2020 年呈连年下降趋势，测评值由 2014 年的 97 下降至
2020 年的 66，排名也由 2014 年的第四位下降至 2020 年的末位。除 2014 年
外，重庆该测评值居五大城市首位，除 2019 年出现小幅下降外，其余年份
均保持正向增长，从 2014 年的第五名增长至 2020 年的首位，测评值从 2014
年的 79 上升至 2020 年的 175，具有绝对优势地位。相较于 2019 年，2020

年北京一般公共预算收入与一般公共预算总支出的比值测评值由 93 下降至 87，上海该测评值略有下降，深圳由 93 上升至 104，广州由 67 下降至 66，重庆由 162 上升至 175。

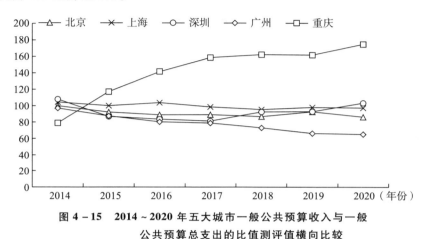

图 4 - 15　2014～2020 年五大城市一般公共预算收入与一般
公共预算总支出的比值测评值横向比较

表 4 - 15　2015～2020 年五大城市一般公共预算收入与一般公共预算
总支出的比值测评值增长率变化

单位：%

城市	2015 年	2016 年	2017 年	2018 年	2019 年	2020 年
北京	-7.50	-3.67	0.34	-2.69	6.84	-6.86
上海	-4.29	3.86	-4.95	-3.29	2.92	-0.72
深圳	-19.47	-3.81	-2.61	13.91	0.34	11.35
广州	-9.76	-8.20	-1.95	-7.24	-9.16	-1.57
重庆	48.73	20.63	12.29	2.23	-0.20	8.07

第四节　北京财政支持效度指数有所上升

五大城市财政支持效度指数绝对值较小，2020 年该指数绝对值为 85～114，除广州外，相较于 2014 年，其他城市 2020 年指数均有不同幅度的上升（见图 4 - 16）。北京排名由 2014 年的第三位上升至 2020 年的第二位，仅次于深圳，在 2014～2019 年连续上升之后，于 2020 年出现小幅下滑，增

长率为 - 2.14%，这也是北京财政支持效度指数 2014 年以来首次下降，说明 2020 年疫情对北京财政支持效度造成了负面影响，但总体来看，2020 年北京财政支持效度指数相较于 2014 年仍有所提升。上海财政支持效度指数一直居五大城市中的第四位，除 2015 年及 2019 年外，其余年份上海财政支持效度指数均有所上升，由 2014 年的 88 上升至 2020 年的 102。深圳财政支持效度指数在 2014 ~ 2020 年存在较大幅度的波动，除 2015 年增长率为 - 13.65% 外，其余年份均有所上升，2017 年增长率达到 9.84%（见表 4 - 16），2020 年财政支持效度指数排名第一。2014 ~ 2018 年，广州财政支持效度指数连续五年高于其他四大城市，排名第一，2019 年被北京反超，2020 年排名第三。重庆财政支持效度指数始终居五大城市末位，但重庆财政支持效度指数在 2014 ~ 2020 年持续上升，成为五大城市中唯一一个历年增长率均为正数的城市。相较于 2019 年，2020 年北京财政支持效度指数由 115 下降至 113，上海略有上升，深圳由 108 上升至 114，广州由 108 上升至 112，重庆由 84 上升至 85。

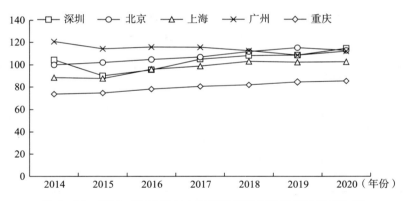

图 4 - 16　2014 ~ 2020 年五大城市财政支持效度指数横向比较

表 4 - 16　2015 ~ 2020 年五大城市财政支持效度指数增长率变化

单位：%

城市	2015 年	2016 年	2017 年	2018 年	2019 年	2020 年
北京	1.96	2.69	1.93	4.49	3.11	- 2.14
上海	- 0.84	9.32	2.94	4.23	- 0.67	0.19
深圳	- 13.65	5.89	9.84	3.01	0.3	5.58

城市	2015 年	2016 年	2017 年	2018 年	2019 年	2020 年
广州	− 5.38	1.29	− 0.21	− 2.64	− 3.55	3.11
重庆	1.31	4.57	3.03	1.69	3.28	0.94

一　北京 GDP 与一般公共预算总支出的比值逐渐回升

2020 年，北京 GDP 与一般公共预算总支出的比值测评值排名第三（GDP 与一般公共预算总支出的比值表明财政支出撬动 GDP 的规模大小，指数越大，表明财政支出的经济撬动作用越大）。在 GDP 与一般公共预算总支出的比值测评值中，五大城市都有其独特的变化趋势。北京 2020 年测评值为 105，较 2014 年的 100 有所上升，说明北京 GDP 与一般公共预算总支出的比值在逐渐上升。北京除 2016 年位列第五外，其余年份均排在前四位，2019 年增长率最高，为 23.97%，2020 年位列第三（见图 4 - 17、表 4 - 17）。上海在 2020 年排末位，2014 ~ 2018 年增长率均为负数，2018 年之后才出现正向增长。深圳从 2017 年来呈上升趋势，2020 年增长率达到 11.92%，2020 年测评值排名第二。广州 2014 ~ 2020 年总体呈下降趋势，2014 ~ 2019 年增长率为负数，直至 2020 年才有小幅上升的趋势，但由于 2014 年测评值较大，虽连续多年下降，但测评值仍居五大城市首位。重庆 2015 年出现小幅下降，之后呈稳步增长态势，2019 年增长幅度最大，为 8.58%，2020 年测

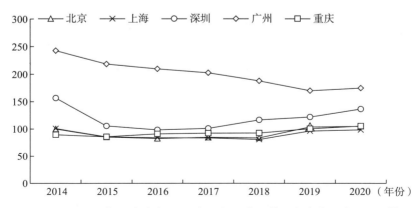

图 4 - 17　2014 ~ 2020 年五大城市 GDP 与一般公共预算总支出的比值测评值横向比较

评值达到 105，与北京并列第三位。相较于 2019 年，2020 年北京 GDP 与一般公共预算总支出的比值测评值由 104 上升至 105，上海由 96 上升至 98，深圳由 122 上升至 137，广州由 170 上升至 175，重庆由 100 上升至 105。

表 4-17　2015~2020 年五大城市 GDP 与一般公共预算总支出的比值测评值增长率变化

单位：%

城市	2015 年	2016 年	2017 年	2018 年	2019 年	2020 年
北京	-14.88	-2.94	2.46	-1.14	23.97	0.85
上海	-15.23	-1.71	-0.36	-3.59	19.21	2.40
深圳	-32.64	-6.78	2.67	15.53	4.61	11.92
广州	-9.90	-3.99	-3.35	-7.27	-9.58	2.75
重庆	-4.00	6.11	1.41	0.12	8.58	4.92

二　北京公共性支出占一般预算总支出比重的排名小幅下降

2020 年，北京公共性支出占一般预算总支出比重测评值排名第四。在公共性支出占一般预算总支出比重测评值中，除北京 2020 年的测评值较 2014 年有所下降外，其他城市 2020 年测评值与 2014 年相比均有所上升（见图 4-18）。2014~2017 年，北京在五大城市中排名第三，2018 年排名降到第四，2019 年测评值略有上升，增长率达 7.07%（见表 4-18），2020 年测评值出现了较大幅度的下降，排名第四，说明疫情对北京的公共性支出有一定负面影响。上海的测评值在 2016 年有较大波动，出现五大城市中最高增长率，达 20.50%，2016 年后呈波动小幅下降的趋势。总体来看，上海的测评值除 2015 年及 2016 年位于第四外，其余年份均位于末尾，公共性支出占一般预算总支出比重测评值较小。深圳测评值历年波动幅度较大，2017 年增长率达 32.32%，2020 年测评值相较 2014 年有所上升。广州 2020 年测评值排名五大城市第一，2020 年测评值与 2014 年相比有所上升，由 2014 年的 109 上升至 2020 年的 114。重庆 2020 年测评值较 2014 年有小幅上涨，由 107 上升至 108，总体波动较小，但排名由 2014 年的第二位下降至 2020 年的第三位，排名位于广州及深圳之后。相较于 2019 年，2020 年北京公共性支出占一般预算总支出比重的测评值由 112 下降至 98，上海该测评

值由 98 下降至 96，深圳由 99 上升至 109，广州由 111 上升至 114，重庆由
112 下降至 108。

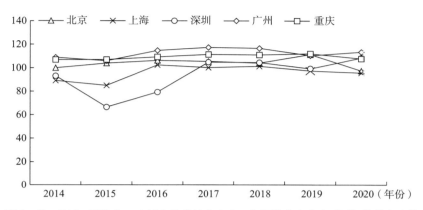

图 4-18　2014~2020 年五大城市公共性支出占一般预算总支出比重测评值横向比较

表 4-18　2015~2020 年五大城市公共性支出占一般预算总支出比重测评值增长率变化

单位：%

城市	2015 年	2016 年	2017 年	2018 年	2019 年	2020 年
北京	3.95	2.39	-0.81	-1.29	7.07	-12.42
上海	-4.56	20.50	-2.02	1.03	-3.74	-1.78
深圳	-28.50	19.23	32.32	-0.35	-4.99	9.32
广州	-2.61	8.32	2.26	-0.63	-5.27	2.80
重庆	0.03	2.18	1.98	-0.25	0.89	-3.79

三　北京人均一般公共预算支出的排名靠前

2020 年，北京人均一般公共预算支出测评值排在首位（见图 4-19）。
2020 年，五大城市的人均一般公共预算支出测评值排名可以划分为三档：
北京、上海为第一档，测评值位于五大城市的前列；深圳为第二档，测评
值居中；广州与重庆测评值较低，为第三档。北京测评值在 2014~2018 年
连续上升，均排在榜首，2019 年出现下滑，位列五大城市第二，而后在
2020 年有所回升，与上海并列第一，说明北京和上海作为全国经济发展较
为领先的地区，变动趋势较为相似，城市人均一般公共预算支出较高。上

海在 2014~2018 年连续四年上升，2019 年及 2020 年有所下降，2014~2017 年仅次于北京，位于第二，2017 年之后均为第一。深圳的测评值在 2015 年达到 53.94% 的增长率，2015~2017 年呈逐年递增趋势，但是 2017 年后呈逐年下降趋势，与北京、上海等城市的差距有所拉大（见图 4-19、表 4-19）。广州与重庆的测评值相较前面三个城市偏低，但广州与重庆的增长率在 2014~2020 年均为正数，呈稳步上升趋势，说明广州及重庆的人均一般公共预算支出条件正在不断改善。相较于 2019 年，2020 年北京人均一般公共预算支出的测评值由 146 上升至 148，上海由 149 下降至 148，有较小幅度的下降，深圳由 123 下降至 109，广州略有上升，重庆由 69 上升至 70。

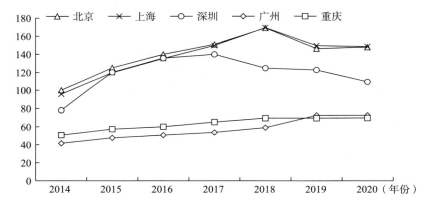

图 4-19　2014~2020 年五大城市人均一般公共预算支出测评值横向比较

表 4-19　2015~2020 年五大城市人均一般公共预算支出测评值增长率变化

单位：%

城市	2015 年	2016 年	2017 年	2018 年	2019 年	2020 年
北京	25.15	11.82	7.71	12.14	-13.56	1.07
上海	25.30	13.10	10.37	13.28	-11.80	-0.75
深圳	53.94	13.00	3.03	-10.81	-1.60	-10.97
广州	14.63	6.35	5.88	10.13	22.63	0.03
重庆	13.16	4.75	8.50	6.55	0.00	0.23

四　北京 R&D 支出占 GDP 比重的排名稳居第一

2020 年，北京 R&D 支出占 GDP 比重测评值排首位（见图 4 - 20）。五大城市 R&D 支出占 GDP 比重测评值的差距较大，除北京及上海在 2014～2020 年有小幅波动外，其余城市均呈逐年上升的趋势。北京 2014～2020 年均排在首位，且 2020 年相较 2014 年有所上升，说明北京作为全国的科技创新中心，重视科研领域的发展，资金投入相对于其余四大城市更多。上海的测评值由 2014 年的 62 上升至 2020 年的 72，除 2019 年增长率为 -1.44% 外，其余年份均为小幅正向增长（见图 4 - 20、表 4 - 20）。深圳排名五大城市第二，测评值由 2014 年的 69 上升至 2020 年的 94，2018 年增长率达到 10.58%，2020 年为 9.20%，上升趋势较快。广州排名五大城市第四，测评值在 2014～2020 年连续上升，由 35 上升至 54，2016 年及 2020 年增长率较高，超过 10%，分别达到 11.43% 和 10.71%。重庆排五大城市末位，测评值由 2014 年的 23 上升至 2020 年的 37，2015 年增长率达到 15.04%，远远高于其他城市 2015 年的增长率。相较于 2019 年，2020 年北京 R&D 支出占 GDP 比重的测评值由 106 上升至 111，上海由 71 上升至 72，深圳由 87 上升至 94，广州由 48 上升至 54，重庆由 34 上升至 37。

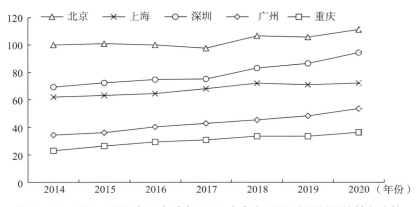

图 4 - 20　2014～2020 年五大城市 R&D 支出占 GDP 比重测评值横向比较

表4-20　2015~2020年五大城市R&D支出占GDP比重测评值增长率变化

单位：%

城市	2015年	2016年	2017年	2018年	2019年	2020年
北京	1.04	-1.03	-2.42	9.40	-0.81	5.30
上海	1.96	1.92	5.65	5.85	-1.44	1.71
深圳	4.50	3.35	0.55	10.58	4.09	9.20
广州	5.00	11.43	5.98	6.05	6.46	10.71
重庆	15.04	11.11	5.29	8.94	0.00	8.21

第五节　北京优势识别

　　由上述五大城市财政支持分项指数分析可知，北京的财政支持分项指数处于中位。在四个二级指数中，北京的财政支持力度指数、财政支持效度指数排名靠前，财政实力指数居中，财政可持续性指数稍微落后。在二级指数下的三级指数中，北京的创新类支出、税收收入占一般公共预算收入比重、人均一般公共预算支出、R&D支出占GDP比重均居首位，说明北京在创新发展中具有巨大带动作用。一般公共预算总支出、公共性支出排名靠前，说明北京在城市公共服务方面具备巨大优势。

　　在财政实力方面，北京的优势体现在债务收入上。债务收入是北京在财政实力排名中领先于其他城市的主要原因。北京债务规模的增大主要用于生态环保、医疗健康、乡村振兴、交通基础设施、市政和产业园区基础设施、棚户区改造、推进京津冀协同发展、北京城市副中心建设和南水北调配套工程等重点领域和重大工程，主要聚焦经济和民生领域，旨在帮助北京改善基础设施、调整产业结构、提升工业化水平、增强自主发展能力，从而实现债务的可持续性与内生增长的良性循环。因此，债务收入对北京财政实力的不断增强发挥着积极的作用，使北京的财政实力领先于其他城市，稳居全国前列。

　　在财政可持续性方面，北京的优势体现在税收收入上。在税收收入占一般公共预算收入比重上，北京相较于其他四大城市具有优势。这说明北京经济增长的活力和竞争力正在不断加强，产业及企业发展环境良好，企业能够创造巨大税收收入，政府的财政收入较为稳定。另外，北京正在充分发挥首都经济的带动效应，吸引了更多金融和社会资本投入北京的产业发展。政府预算中税收较多，可用财力较为充沛，地方财力供给相对充裕，北京教育、医疗、卫生、社保等方面的支出有物质保障，公共基础设施建设、生态环境保护、扶贫攻坚等重要工程具有支出的能力，为北京财政的可持续发展奠定了坚实的物质基础。

在财政支持效度方面，北京的优势体现在 R&D 研发支出上。在 R&D 支出占 GDP 比重上，北京相较其他四大城市具有优势。北京作为全国乃至全球的科技创新中心，近年来在原创科技研发、科技成果转化等方面都取得了巨大的成就。为了更好地扶持和帮助科技型企业加快成长，北京市区各级相关部门也从资金扶持等方面提供了一系列的帮助，发挥了巨大的积极作用。北京近年来正在向"高精尖"的经济结构调整，以生产性服务业、战略性新兴产业等为代表的高端产业分量越来越重，产业的高端环节大放异彩。同时，北京不断加强对财政科研经费的管理，激发科研人员的创新活力，促进科技事业发展，科技创新日益成为北京经济发展的重要推动力。

在财政支持力度方面，北京相较其他城市的优势主要体现在一般公共预算总支出和公共性支出方面。在一般公共预算总支出方面，北京加大对医疗卫生、教育、与民生相关的科技支出和城乡建设方面的财政保障力度。在医疗卫生方面，北京大力支持方舱医院建设、核酸检测等疫情防控工作，加强首都卫生医疗体系建设；在教育方面，落实义务教育"双减"政策，促进全市教育资源优化配置；在与民生相关的科技支出方面，北京支持国家实验室和新型研发机构建设，以及加快基础前沿类科技项目研发；在城乡建设方面，北京加快保障房建设，支持轨道交通建设。北京一般公共预算总支出及公共性支出的增加对于加大财政支持力度发挥着促进作用。

第五章
五大城市金融支持比较与北京优势识别

金融发展水平是衡量一个城市实力与竞争力的重要指标，在新时期的经济大环境下，金融支持在一个城市发展过程中的作用日益突出。为了进一步分析北京的金融发展现状、优势及问题，并思考未来发展方向，本章对比分析了五个城市在金融实力、金融支持力度、金融可持续性和金融支持效度四个指数的变动趋势，发现北京具有以下优势：各项存款余额和金融机构法人数量的增长支撑北京金融实力稳步增长，社会融资规模增量和新增债券融资的比较优势使北京的金融支持力度更大，金融业增加值和较低的不良贷款率支撑北京的金融可持续性提升，技术合同成交额与新增贷款的比值拉动北京金融支持效度的提升。综合来看，在五个城市中，北京的金融支持分项指数处于绝对优势地位，连续七年排名第一。

第一节　北京金融实力指数稳居第一

2020年，五大城市金融实力指数的排序为：北京、上海、深圳、广州、重庆（见图5-1）。2014～2020年，五个城市的金融实力指数总体都在平稳上升，并且每年的排名不变，但是不同城市之间的差距有逐渐加大的趋势。北京的金融实力指数7年来稳居第一，且增长速度较快，与其他四个城市的差距不断拉大；上海的金融实力指数7年来紧随北京之后；深圳、广州和重庆的金融实力则相对较为薄弱。

相比于2019年，2020年五个城市的金融实力指数都有所增加，其中北京增加25，上海增加16，深圳、广州和重庆分别增加12、6、5。和其他城市相比，北京和上海的增长幅度较大。2014～2020年，北京金融实力指数的增长量为91.67，遥遥领先于其他四个城市；上海的增长量略小于北京，

7 年间金融实力指数的增长量为 61.55；深圳、广州和重庆 7 年间的增长比较平缓，金融实力指数增长量分别为 36.61、23.65 和 16.28。排名最后的重庆 7 年间的增长量不到北京的 1/5。由后续分析可知，北京金融实力指数领先主要是因为它的各项存款余额和金融机构法人数量测评值增长，特别是 2020 年北京的金融机构法人数量测评值剧增。

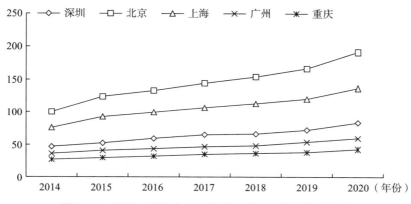

图 5 - 1　2014～2020 年五大城市金融实力指数横向比较

2014～2015 年，北京的金融实力指数迅速提高，增长率达 24.32%，2016～2019 年增长率回落到 10% 以下，2020 年增速有所加快，达 14.98%（见表 5 - 1）。除广州外，其他四个城市 2020 年的增速相比于 2019 年都有所提升。

表 5 - 1　2015～2020 年五大城市金融实力指数增长率变化

单位：%

城市	2015 年	2016 年	2017 年	2018 年	2019 年	2020 年
北京	24.32	7.20	8.47	6.67	8.11	14.98
上海	22.03	7.52	7.42	6.29	6.46	13.64
深圳	11.45	13.38	9.75	1.70	9.21	15.51
广州	13.06	6.72	7.14	3.10	11.55	11.14
重庆	10.62	8.58	9.46	4.16	4.41	12.37

资料来源：依据财经指数模型数据计算，下同。

一　北京各项存款余额呈现平稳增长

2020年，北京各项存款余额测评值位居第一，较第二名上海高32，分别是广州和重庆的2.7倍和4.3倍。2014~2020年，北京的各项存款余额测评值持续平稳增加，且处于绝对优势地位（见图5-2）。与各个城市金融实力指数的变化趋势进行比较可以发现，各项存款余额测评值与金融实力指数的变化趋势一致，在7年间都不断上升。因此，各项存款余额持续增长是金融实力不断增强的重要支撑。但两者的增长趋势并不是完全同步的，2019~2020年北京的金融实力与各项存款余额相比有更明显的增长。

与2019年相比，2020年五个城市的各项存款余额测评值都有所增加，其中北京增加17，上海增加23，深圳增加18，广州和重庆分别增加9和4。北京各项存款余额测评值在7年间的增长量为87.90，在五个城市中增长量最大，上海各项存款余额测评值7年间的增长量为81.91，位列第二。深圳、广州、重庆的增长量相对较小，特别是重庆各项存款余额测评值7年间的增长量仅为17.68，北京各项存款余额测评值的增长量几乎是重庆的5倍。

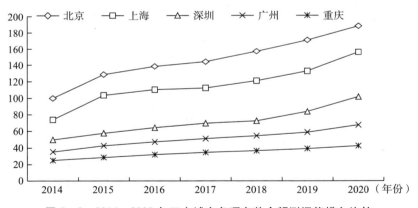

图5-2　2014~2020年五大城市各项存款余额测评值横向比较

2019~2020年，北京金融实力测评值的增长率为14.98%，高于北京各项存款余额测评值的增长率9.95%（见表5-2），这可能是由于其他指数特别是金融机构法人数量的上升。其他四个城市在2014~2020年的各项存款余额测评值均呈上升趋势。上海的增长率变动较大，其2015年的增长率高达40.44%，2017年的增长率低至1.77%，2020年增长率达到17.35%。

广州在 2014 ~ 2019 年的增长较为平缓，2020 年增长速度有所加快，重新回到两位数增长率，达到 14.66%。深圳在 2014 ~ 2018 年的增长也较为平缓，2020 年增长率有较大提升，突破 20%，达到 21.39%，是 2020 年五个城市中各项存款余额测评值增长最快的城市。与之形成对比的是，重庆的增长率一直保持在 5% ~ 15%，且 2020 年增长率为 8.54%，在五个城市中排名最后。

表 5 - 2 2015 ~ 2020 年五大城市各项存款余额测评值增长率变化

单位：%

城市	2015 年	2016 年	2017 年	2018 年	2019 年	2020 年
北京	28.45	7.65	4.10	9.03	8.89	9.95
上海	40.44	6.51	1.77	7.69	9.67	17.35
深圳	15.63	11.47	8.17	4.14	15.70	21.39
广州	20.79	10.94	8.08	6.66	7.93	14.66
重庆	14.38	11.75	8.38	5.84	7.04	8.54

二 北京金融机构资产总额优势明显

2020 年，北京金融机构资产总额测评值位居第一，较第二名上海高 57，分别是广州和重庆的 3.1 倍和 4.2 倍。北京的金融机构资产总额测评值相比于其他城市具有绝对优势，在 7 年里平稳上升（见图 5 - 3）。虽然在 2016 ~ 2018 年北京的测评值增长有所放缓，但是在 2018 ~ 2020 年又有较大幅度的增长，从而不断拉大与其他四个城市的差距。上海的金融机构资产总额测评值在 2014 ~ 2020 年不断上升，且 2018 ~ 2020 年增长较快；深圳除了在 2018 年出现小幅下降外，整体处于平稳增长的状态；广州除在 2016 年出现负增长外，2014 ~ 2020 年总体呈增长态势，但受 2016 年负增长以及增长速度较小的影响，总体变动幅度不大；重庆的金融机构资产总额测评值一直处于末位，且总体增长缓慢，2020 年增长速度加快。

相比于 2019 年，2020 年五个城市的金融机构资产总额测评值都有所增加，其中北京增加 14，上海增加 17，深圳、广州和重庆分别增加 10、7 和 8。总体来看，五个城市 2020 年的金融机构资产总额测评值与 2014 年相比都为正增长，其中北京增长量领先，为 75. 35，重庆增长量最小，为 19. 31，北京的增长量几乎是重庆增长量的 4 倍。

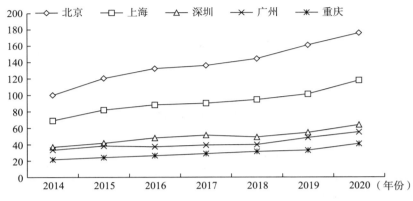

图 5 – 3　2014 ~ 2020 年五大城市金融机构资产总额测评值横向比较

北京金融机构资产总额测评值的增长率在 2015 年高达 20. 38%，但后续几年增速放缓，2018 年后维持在 10% 左右。2019 ~ 2020 年，除北京外其他四个城市金融机构资产总额测评值的增长都十分迅猛，增长率都达到两位数，而北京的金融机构资产总额测评值增长率仅为 9. 10%（见表 5 – 3）。

表 5 – 3　2015 ~ 2020 年五大城市金融机构资产总额测评值增长率变化

单位：%

城市	2015 年	2016 年	2017 年	2018 年	2019 年	2020 年
北京	20. 38	9. 84	2. 80	6. 06	11. 48	9. 10
上海	18. 82	7. 50	2. 21	4. 87	7. 05	16. 29
深圳	12. 89	14. 93	6. 75	- 4. 30	10. 97	16. 85
广州	14. 69	- 2. 51	5. 15	1. 50	21. 31	13. 77
重庆	12. 00	9. 61	9. 05	9. 01	4. 68	24. 20

三　北京金融机构法人数量迅速增加

2020 年，北京金融机构法人数量测评值远超其他城市位居第一，较第二名上海高 127，分别是广州和深圳的 4 倍和 6.4 倍。北京的金融机构法人数量测评值和其他四个城市相比处于绝对领先地位，整体呈增长趋势，并且在 2020 年急剧增加，增长量超过 2015~2019 年的增长量。上海的金融机构法人数量测评值在 2019 年出现小幅下降，2020 年有所回升，测评值仅次于北京。重庆、广州和深圳的金融机构法人数量在 7 年间的变化较小，其中广州和重庆的金融机构法人数量测评值及变动趋势几乎一致，深圳则一直处于末位，且与其他城市的差距较大（见图 5-4）。

相比于 2019 年，2020 年除深圳的金融机构法人数量测评值保持不变外，其他城市的金融机构法人数量测评值都有所增加，其中北京增加 73，上海、广州和重庆分别增加 5、2 和 3。五大城市的金融机构法人数量测评值在 2014~2020 年都为正值，其中北京的金融机构法人数量测评值在 2014~2020 年的增长量高达 172.29，是深圳金融机构法人数量测评值增长量的 20 倍左右。

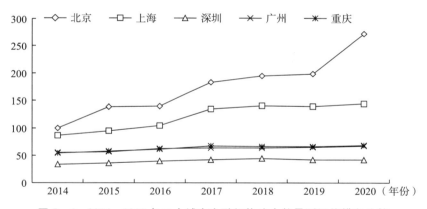

图 5-4　2014~2020 年五大城市金融机构法人数量测评值横向比较

相比于 2019 年，2020 年五大城市的金融机构法人数量测评值增长率均有所回升，其中北京的增长率迅速提高，达到 36.97%（见表 5-4），这是 2020 年北京金融实力指数保持领先的重要原因之一。

表 5-4　2015~2020 年五大城市金融机构法人数量测评值增长率变化

单位：%

城市	2015 年	2016 年	2017 年	2018 年	2019 年	2020 年
北京	38.55	0.87	31.03	6.58	1.85	36.97
上海	9.72	10.13	28.51	4.47	-0.86	3.63

城市	2015 年	2016 年	2017 年	2018 年	2019 年	2020 年
深圳	7.14	10.00	6.06	5.71	− 5.41	0.00
广州	2.17	10.64	1.92	0.00	1.89	3.70
重庆	6.67	6.25	9.80	− 1.79	0.00	3.64

四　北京上市公司数量持续保持领先

2020 年，北京上市公司数量测评值位于五大城市之首（见图 5 − 5），较第二名上海高 16，分别是广州和重庆的 3.2 倍和 6.7 倍。北京的上市公司数量测评值处于较高水平，且 2019 ~ 2020 年增长速度有所加快。上海和深圳的上市公司数量测评值处于中位，与北京的差距保持稳定。广州、重庆与其他城市的差距较大且增长缓慢，特别是重庆 7 年间上市公司数量测评值仅增加 7.24，2020 年的增长率也仅为 5.56%（见表 5 − 5）。

与 2019 年相比，2020 年五个城市的上市公司数量测评值都有所增加，北京增加 20，上海和深圳都增加 15，广州和重庆只有略微上升，分别增加 3 和 1。2014 ~ 2020 年，北京、上海、深圳的上市公司数量测评值增长量突破 50，其中北京增长量最大，深圳次之，上海第三，增长量分别为 62.13、60.85、59.15，而广州和重庆的增长量较小，分别为 23.41 和 7.24。

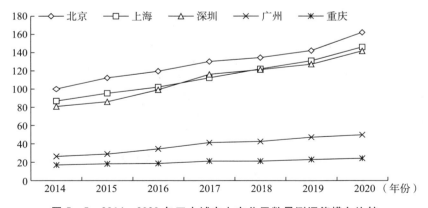

图 5 − 5　2014 ~ 2020 年五大城市上市公司数量测评值横向比较

表 5 - 5　2015～2020 年五大城市上市公司数量测评值增长率变化

单位：%

城市	2015 年	2016 年	2017 年	2018 年	2019 年	2020 年
北京	12.34	6.44	8.90	3.27	5.70	14.07
上海	9.80	7.14	10.00	8.71	7.32	11.36
深圳	6.32	15.35	17.17	4.40	4.91	11.37
广州	9.68	19.12	19.75	3.09	11.00	5.41
重庆	7.50	2.33	13.64	0.00	8.00	5.56

第二节　北京金融支持力度指数维持高位

2020 年，五大城市金融支持力度指数的排序为：北京、深圳、上海、广州、重庆。虽然北京的金融支持力度指数在 2014～2020 年波动幅度较大，但总体而言一直保持领先，在五个城市里始终排名第一（见图 5 - 6）。北京的金融支持力度指数在经历了 2019 年的下降后，于 2020 年得到快速回升，增长率达到 30.14%（见表 5 - 6）。深圳的金融支持力度指数在 2020 年迅速增长，增长率高达 68.68%，保持了 2019 年第二位的排名，并与上海拉开差距。重庆的金融支持力度指数在 7 年中始终排在末位，虽然在 2014 年与上海、广州、深圳的差距不大，但由于增长率较低，逐渐落后于其他城市。

相较于 2019 年，2020 年五个城市的金融支持力度指数都有所增加，其中北京增加 36，上海增加 29，深圳增加 52，广州和重庆分别增加 3 和 16。深圳、上海和广州三者的排名情况在 2014～2020 年不断变化，2014～2019 年，三个城市的金融支持力度指数差距不大，但在 2020 年由于各自的增长率不同，有了较为明显的差距，分别为 129.24、103.61 和 73.43，金融支持力度指数由大到小依次为深圳、上海、广州，三个城市的金融支持力度指数存在较大波动和不确定性。

五个城市的金融支持力度指数在 2014～2020 年都实现正增长，其中深圳增长量最大，为 88.92，重庆增长量最小，为 22.62，仅为深圳增长量的 1/4 左右。

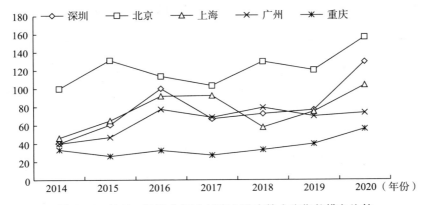

图 5-6　2014~2020 年五大城市金融支持力度指数横向比较

表 5-6　2015~2020 年五大城市金融支持力度指数增长率变化

单位：%

城市	2015 年	2016 年	2017 年	2018 年	2019 年	2020 年
深圳	50.08	65.24	-33.10	8.28	5.78	68.68
北京	31.06	-13.40	-9.05	25.60	-7.33	30.14
上海	40.54	41.07	0.69	-37.46	29.53	38.54
广州	17.13	64.49	-11.36	15.57	-11.80	5.17
重庆	-21.16	23.99	-16.44	22.08	19.55	40.86

一　北京社会融资规模增量呈现不稳定性

2020 年，北京社会融资规模增量测评值排名第一，较第二名深圳高 23，分别是广州和重庆的 1.6 倍和 2 倍。在社会融资规模增量这个测评值上，北京整体处于较高水平，但波动十分明显，具有不稳定性（见图 5-7）。相较于 2019 年，2020 年五个城市的社会融资规模测评值都有所增加，其中北京和上海都增加 18，深圳增加 34，广州增加 12，重庆增加 17。

除 2017 年外，北京社会融资规模增量测评值保持在第一位，且明显领先于其他四个城市。深圳的社会融资规模增量测评值在 2018 年超过了上海，位列第三，并且逐渐拉大了与上海之间的差距。广州的社会融资规模增量测评值在 2018 年一度超过深圳和上海，仅次于北京，2019 年出现负增长，

2020 年排名回落到第四位，但是仍有很大的发展潜力。重庆 2014～2020 年社会融资规模测评值的发展趋势呈"U"形，从 2015 年起一直落后于其他四个城市，但近两年不断向好（见图 5－7）。由于多次负增长的影响，与 2014 年相比，北京 2020 年社会融资规模增量测评值的增长量仅为 32.02，而后期发展较快的深圳和广州的增长量分别为 63.08 和 45.53。

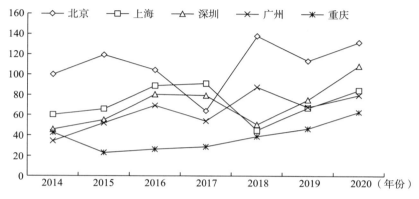

图 5－7　2014～2020 年五大城市社会融资规模增量测评值横向比较

2020 年，五个城市社会融资规模增量测评值的增长率都为正值，但北京的增长率仅为 16.20%（见表 5－7），是五个城市中增长率最低的城市，而社会融资规模增量测评值排名第二的深圳有着最高的增长率 44.29%。若北京想要保持在社会融资规模增量及金融支持力度上的领先地位，建议加大对社会融资规模增量测评值增长率的关注，否则社会融资规模增量很有可能在未来几年被深圳超越。

表 5－7　2015～2020 年五大城市社会融资规模增量测评值增长率变化

单位：%

城市	2015 年	2016 年	2017 年	2018 年	2019 年	2020 年
北京	19.35	－12.51	－38.60	115.43	－17.74	16.20
上海	9.61	34.78	2.46	－50.93	49.88	26.34
深圳	20.33	46.62	－1.17	－36.74	49.68	44.29
广州	50.28	34.39	－22.68	63.04	－22.41	17.54
重庆	－45.75	14.87	9.06	34.43	19.39	35.70

二 北京新增贷款处于中等水平

2020年，北京新增贷款测评值排名第二，比第一名深圳低11，比第三名广州高11，是排在末位的重庆的1.6倍。在五个城市中，北京的新增贷款测评值处于中等水平，且变动具有不稳定性。北京的新增贷款测评值在2017~2018年大幅上升，2019年迅速回落，并在2020年以更快速度上升，达到当前最大值137.15（见图5-8）。深圳在经历2019年的负增长后，于2020年迅速回升，增长率达到50.16%（见表5-8），突破历史最高水平，超越了同年的其他四个城市位列第一。广州的新增贷款测评值总体呈上升趋势，2018年、2019年连续两年保持第一，2020年被深圳和北京超越。上海的新增贷款测评值在2018年和2019年持续降低，2020年有所上升，但仍排在深圳、北京和广州之后，没有突破2017年的历史最高水平。2014~2020年，重庆的新增贷款测评值一直排名最后，与其他四个城市之间的差距较大，并且2020年的增长率较前两年有明显回落。

同2019年相比，2020年五个城市的新增贷款测评值都有所增加，其中深圳、北京和上海的增加值较大，分别为49、26和20，广州和重庆只增加了1和2。由北京的新增贷款测评值变动趋势可知，其金融支持力度指数在2020年有所回升部分得益于新增贷款指数在2020年的迅速上升，新增贷款的增加对金融支持分项指数的上升起到了积极的作用。

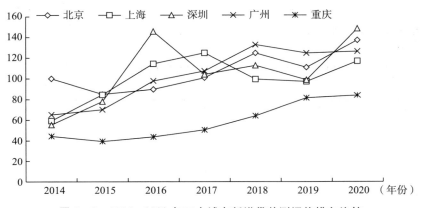

图5-8 2014~2020年五大城市新增贷款测评值横向比较

与 2014 年相比，2020 年五个城市的新增贷款测评值中，北京的增长量最小，为 37.15，深圳的增长量最大，为 92.88，深圳的增长量是北京增长量的 2.5 倍。由此可知，北京的新增贷款一直处于中等水平且短期内无法领先。

表 5 - 8　2015～2020 年五大城市新增贷款测评值增长率变化

单位：%

城市	2015 年	2016 年	2017 年	2018 年	2019 年	2020 年
北京	-14.92	5.52	12.29	23.63	-11.12	23.80
上海	42.53	35.13	9.17	-20.32	-2.21	20.18
深圳	40.63	86.67	-28.57	8.33	-12.31	50.16
广州	7.43	39.41	9.69	23.78	-6.17	1.34
重庆	-11.16	10.94	15.52	26.98	27.11	2.99

三　北京新增债券融资具有绝对优势

2020 年，北京新增债券融资测评值排在首位，较第二名深圳高 125，分别是重庆和广州的 5.9 倍和 8 倍。与其他四个城市相比，北京的新增债券融资测评值处于绝对优势的地位，并且有优势不断扩大的趋势，这也是北京金融支持力度指数保持领先的重要原因。北京的新增债券融资测评值 2020 年突破了历史最高水平，达到 233.34。深圳和上海在 2015～2019 年的变动趋势相似，但是在 2020 年深圳新增债券融资测评值继续上升到 107.76，而上海的新增债券融资测评值回落到 48.34，因此两个城市产生了较大差距。广州的新增债券融资测评值在 2016 年达到最大值后不断下降，2020 年降到 29.49，落后于其他四个城市，甚至低于 2014 年的初始水平。重庆的新增债券融资测评值在 2020 年迅速上升，增长率高达 757.72%，达到最大值 38.53，首次超过广州（见图 5 - 9、表 5 - 9）。

相较于 2019 年，2020 年北京、深圳和重庆的新增债券融资测评值有所增加，增长量分别为 23、22 和 35，而上海和广州的新增债券融资测评值有所减少，分别减少 35 和 23。2014～2020 年，北京新增债券融资测评值的增长量排名第一，为 133.34；深圳次之，新增债券融资测评值的增长量为

88.44；重庆新增债券融资测评值的增长量仅为 11.22；广州是唯一一个增长量为负数的城市；上海新增债券融资测评值的增长量为 27.38。

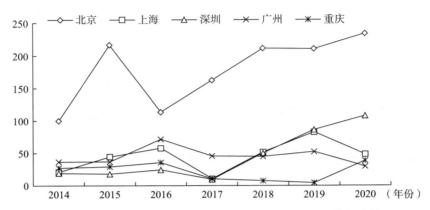

图 5 - 9 2014 ~ 2020 年五大城市新增债券融资测评值横向比较

表 5 - 9 2015 ~ 2020 年五大城市新增债券融资测评值增长率变化

单位：%

城市	2015 年	2016 年	2017 年	2018 年	2019 年	2020 年
北京	116. 47	- 47. 52	42. 97	30. 06	- 0. 45	10. 96
上海	112. 37	30. 08	- 81. 69	388. 22	59. 88	- 41. 56
深圳	- 6. 18	34. 51	- 60. 91	425. 95	72. 20	24. 88
广州	0. 48	94. 01	- 36. 40	- 1. 46	16. 73	- 43. 70
重庆	7. 40	21. 27	- 70. 34	- 28. 57	- 40. 40	757. 72

四　北京新增股票融资波动剧烈

2020 年，北京新增股票融资测评值处于第三位，比第一名上海低 22，比第二名深圳低 8，比排在后两位的广州和重庆分别高 117 和 124。北京的新增股票融资测评值变化幅度相对于其他三级指数而言比较大，经历了 2014 ~ 2016 年的大幅上升后，在 2016 ~ 2018 年发生更大幅度的下降，甚至低于 2014 年的水平，虽然之后出现了一定幅度的回升，但直到 2020 年仍没有超过其在 2016 年的新增股票融资测评值。因此，北京的该项指数没有表现出突出优势，甚至在 2020 年同时被上海和深圳超越。上海在 2014 ~ 2017

年连续大幅上升后在 2018 年大幅下降，由 2017 年的第一名跌落到了第三名，且与第四名的广州只有轻微差距，但是在 2020 年，它又迅速上升，超过其他四个城市位列第一。广州在经历 2016～2019 年的持续下降后，于 2020 年有所回升，但由于多次负增长的影响，并未超过历史最高水平。重庆的新增股票融资测评值一直位于其他四个城市之下，其与广州的走势一致，在 2016～2019 年持续下降后，于 2020 年有所回升（见图 5 – 10）。

相较于 2019 年，2020 年五大城市的新增股票融资测评值都有所增加，其中上海、北京和深圳的增加值较大，分别为 122、91 和 117，而广州和重庆只分别增加 20 和 19。2014～2020 年，五大城市新增股票融资测评值的增长量均为正值，且上海和深圳的增长量都在三位数，分别为 136.43 和 122.21。

五个城市的新增股票融资测评值都在 2020 年获得快速回升，但增长速度有所不同，重庆的增长率达到 882.16%（见表 5 – 10），但由于历史水平很低，2020 年的测评值仍排在最后一位。

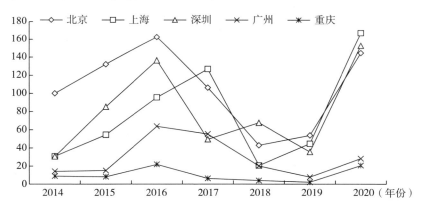

图 5 – 10　2014～2020 年五大城市新增股票融资测评值横向比较

表 5 – 10　2015～2020 年五大城市新增股票融资测评值增长率变化

单位：%

城市	2015 年	2016 年	2017 年	2018 年	2019 年	2020 年
北京	32.18	23.01	−34.59	−59.63	25.45	168.63
上海	76.62	75.36	32.93	−83.74	116.60	274.05
深圳	177.70	60.34	−63.65	36.24	−47.29	329.22

续表

城市	2015 年	2016 年	2017 年	2018 年	2019 年	2020 年
广州	6.46	321.63	− 13.16	− 63.52	− 61.54	264.29
重庆	− 7.50	166.22	− 71.07	− 36.84	− 47.22	882.16

第三节　北京金融可持续性指数总体呈上升趋势

2020 年，五大城市金融可持续性指数的排序为：北京、上海、深圳、广州、重庆（见图 5 - 11）。金融可持续性指数可以通过各项贷款余额与各项存款余额的比值、各项贷款余额占 GDP 比重、金融业增加值和不良贷款率四个指数来反映。在 2017 年后，北京金融可持续性指数持续保持第一的位置。深圳的金融可持续性指数在 2016 年和 2020 年增长迅速，总体处于中间位置。广州和重庆的金融可持续性指数较低，其中重庆在 2014 年后一直保持在最后一位。相较于 2019 年，2020 年北京、上海和深圳三个城市的金融可持续性指数分别增长 10、7 和 13，广州和重庆则稍有下降。

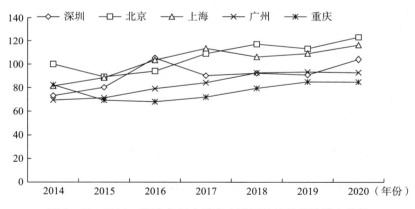

图 5 - 11　2014 ~ 2020 年五大城市金融可持续性指数横向比较

与 2014 年相比，2020 年五个城市的金融可持续性指数都有不同幅度的增长，其中：上海增长最多，增长 35；深圳 2016 年的增长率达到 31.05%（见表 5 - 11），但受负增长年份的影响，到 2020 年深圳累计增长 31，次于上海；北京和广州的增长量相近，都增长 23 左右；重庆的变化不大，仅增长 2。由以上分析可知，北京金融可持续性指数的增长速度居中，但起点高，因此能够保持领先地位。

表 5 – 11　2015~2020 年五大城市金融可持续性指数增长率变化

单位：%

城市	2015 年	2016 年	2017 年	2018 年	2019 年	2020 年
北京	– 10.85	5.48	15.60	7.52	– 3.36	8.94
上海	8.66	16.89	9.55	– 6.37	2.65	6.66
广州	2.61	11.08	6.42	10.10	0.77	– 0.70
深圳	9.67	31.05	– 14.22	2.28	– 1.53	14.51
重庆	– 15.94	– 1.90	5.79	10.53	6.85	– 0.15

一　北京各项贷款余额与各项存款余额的比值不具优势

2020 年，北京各项贷款余额与各项存款余额的比值在五个城市中是最低的，比倒数第二名上海低 16，第一名重庆更是北京的 2.2 倍。就各项贷款余额与各项存款余额的比值而言，总体来看，重庆一直处于领先地位，广州、深圳次之，北京最低。与 2019 年相比，北京各项贷款余额与各项存款余额的比值几乎没有变动，上海和深圳的测评值分别下降了 11 和 8，广州和重庆则分别增加了 1 和 7（见图 5 – 12）。

2014~2020 年，北京和上海的各项贷款余额与各项存款余额的比值都有所降低，北京只在 2015~2017 年、2019 年出现了小幅增长，上海在 2014~2015 年出现大幅下降；深圳各项贷款余额与各项存款余额的比值不太稳定，基本处于中间位置，其中 2016 年的增长率达到 12.04%，是 7 年来五个城市出现的最大增长速度，但在 2018 年后，深圳也出现了下降趋势；重庆和广州的测评值在 2014~2020 年总体呈上升趋势，重庆保持着第一的领先地位，广州位于第二（见图 5 – 12、表 5 – 12）。各项贷款余额与各项存款余额的比值越大，说明金融可持续性越强。因此，就该指数而言，2020 年，重庆的金融可持续性是最强的，接下来依次是广州、深圳和上海，北京的金融可持续性最弱。

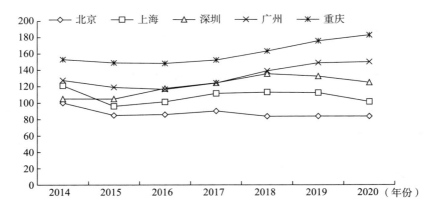

图 5 - 12　2014～2020 年五大城市各项贷款余额与各项存款余额的比值测评值横向比较

表 5 - 12　2015～2020 年五大城市各项贷款余额与各项存款
余额的比值测评值增长率变化

单位：%

城市	2015 年	2016 年	2017 年	2018 年	2019 年	2020 年
北京	- 15.03	1.11	4.83	- 7.06	0.16	- 0.25
上海	- 20.66	5.49	10.06	1.28	- 0.64	- 9.66
深圳	- 0.18	12.04	5.69	8.90	- 2.19	- 5.76
广州	- 6.74	- 2.02	6.46	11.92	7.10	0.70
重庆	- 2.72	- 0.50	2.73	7.22	7.50	4.06

二　北京各项贷款余额占 GDP 比重居中

2020 年，北京各项贷款余额占 GDP 比重居于中位，分别比第一名深圳和第二名广州低 34 和 27，比重庆和上海则分别高 10 和 17。就各项贷款余额占 GDP 比重而言，总体来看，广州和深圳的测评值较高，北京居中，上海和重庆较低。与 2019 年相比，北京、上海和深圳分别增长 15、10 和 37，广州和重庆则分别下降 5 和 2（见图 5 - 13）。

相比于 2014 年，2020 年五个城市中只有北京出现了负增长。与 2014 年相比，2020 年北京各项贷款余额占 GDP 比重测评值降低 17，由于该指数是反向指数，表明北京的金融可持续性增强，但是到 2020 年，北京的测评值仍然高于上海和重庆，位于第三，其金融可持续性仍然需要加强。深圳的测评值在 2016 年出现了大幅增长，测评值高达 159，总体而言波动幅度较大，金融可持续性较弱。2015～2018 年，广州各项贷款余额占 GDP 比重不断增长，2018 年后出现下降趋势，但是由于下降幅度小于此前的增长幅度，因此测评值仍然较高，表明就该指数而言，广州的金融可持续性较弱。上海的指数也出现了较大幅度的变化，2017 年后一直处于最低的位置，表明其金融可持续性较强。

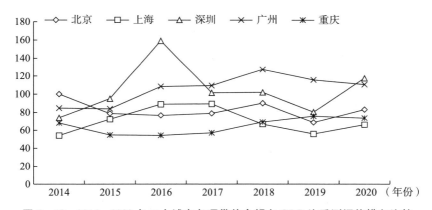

图 5 - 13　2014～2020 年五大城市各项贷款余额占 GDP 比重测评值横向比较

2020 年相比于 2014 年，北京是唯一一个出现了负增长的城市，表明就该指数而言，北京的金融可持续性增强，但与 2019 年相比，2020 年北京、上海和深圳都改变了此前的下降趋势，2020 年的增长率分别达到 21.30%、18.48%、46.13%（见表 5 - 13），对其金融可持续性的影响是不利的。

表 5 - 13　2015～2020 年五大城市各项贷款余额占 GDP 比重测评值增长率变化

单位：%

城市	2015 年	2016 年	2017 年	2018 年	2019 年	2020 年
北京	－ 21. 18	－ 2. 63	2. 89	14. 23	－ 23. 81	21. 30
上海	33. 69	23. 02	0. 44	－ 25. 31	－ 16. 25	18. 48
深圳	28. 41	67. 46	－ 36. 23	0. 59	－ 21. 12	46. 13
广州	－ 0. 88	29. 06	0. 91	16. 44	－ 9. 22	－ 4. 29
重庆	－ 19. 42	－ 0. 89	5. 11	21. 13	9. 65	－ 2. 76

三 北京的金融业增加值跃居第一

2020 年，北京金融业增加值位于第一，与上海旗鼓相当，比第三名的深圳高 89，是广州和重庆的 3.2 倍。就金融业增加值这个指数而言，2014~2020 年，五个城市基本处于持续增长中（除广州在 2018 年略有下降），上海和北京保持领先地位，深圳居中，广州和重庆较低。北京和上海 2020 年的测评值相较于 2014 年的增长幅度超过 110%，远超其他三个城市的增长幅度，在 2020 年突破 200，是重庆和广州的三倍多，可见这两个城市在该项指数下的突出优势。深圳居中，测评值持续增长，2020 年比 2014 年增长 59.41。广州和重庆的测评值较低，并且增速缓慢，2020 年比 2014 年增长了不到 30。与 2019 年相比，2020 年北京、上海和深圳分别增长 19、15 和 16，增长较多，广州和重庆则分别增长 6 和 4，增长较少（见图 5-14）。

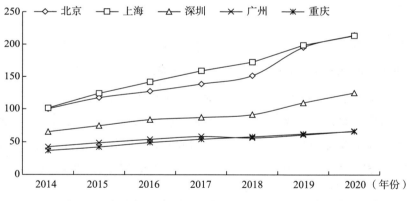

图 5-14 2014~2020 年五大城市金融业增加值测评值横向比较

2014~2020 年，北京、上海和深圳的增长率显著高于广州和重庆，由于深圳起点稍低，因此测评值仍低于上海和北京。由以上分析可知，就金融业增加值这个指数而言，上海和北京的金融可持续性较强，深圳处于一般水平，广州和重庆较弱。2015~2020 年五大城市金融业增加值测评值增长率变化如表 5-14 所示。

表 5 – 14　2015～2020 年五大城市金融业增加值测评值增长率变化

单位：%

城市	2015 年	2016 年	2017 年	2018 年	2019 年	2020 年
北京	16.93	8.77	9.01	9.22	28.72	9.83
上海	22.42	14.49	11.85	8.46	15.20	7.59
深圳	13.97	12.36	4.04	4.89	19.58	14.23
广州	14.52	11.09	8.06	- 3.48	8.20	9.41
重庆	15.09	16.48	10.42	7.09	7.50	5.98

四　北京不良贷款率保持较低水平

2020 年，北京的不良贷款率指数是五个城市中最低的，比相邻的上海低 51，第一名深圳和重庆是北京的 2.69 倍。与 2019 年相比，2020 年北京的不良贷款率保持在 117 不变，重庆、深圳和广州分别增长 77、47 和 21，上海是唯一出现下降的城市，不良贷款率测评值下降 30（见图 5 – 15）。

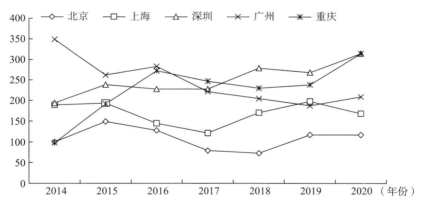

图 5 – 15　2014～2020 年五大城市不良贷款率测评值横向比较

就不良贷款率指数而言，各个城市的区别较大。除了 2014 年，北京的测评值一直保持在五个城市的最低水平，由于该指数是反向指数，说明就该指数而言，北京的金融可持续性较强，具有绝对优势。与 2014 年相比，2020 年北京的不良贷款率测评值有小幅增长，增长 17；与 2014 年相比，2020 年上海的不良贷款率测评值小幅下降 21。广州的下降幅度最大，2020 年的不良贷款率测评值比 2014 年下降 140，说明就该指数而言，广州的金融可持续性不断增强，但由于其 2014 年的不良贷款率测评值高达 349，起点过高，因此现在的水平仍然居中。重庆的起点最低，但增长幅度最大，7年间测评值增长 217，2014~2016 年、2019~2020 年增长迅猛。深圳的增长幅度比重庆小，但测评值从 2018 年以来一直保持在第一位。重庆和深圳的不良贷款率测评值在 2020 年都达到 315，并列第一，说明就此指数而言，这两个城市的金融可持续性较弱。

重庆的不良贷款率测评值增长速度快，2015 年的增长率高达 95.65%（见表 5-15），因此虽然起点低，但 2020 年的不良贷款率测评值位于第一，该指数对重庆金融可持续性指数具有非常大的反作用；北京的不良贷款率测评值虽然在 2016~2018 年下降，但 2015 年、2019 年的增长率分别达到48.94% 和 61.76%，因此总体来看，北京的不良贷款率测评值是上升的。就该指数而言，北京具有显著优势，该指数对北京保持金融可持续性指数的领先地位具有很大的贡献，但仍然要注意防范不良贷款率的增长。

表 5-15　2015~2020 年五大城市不良贷款率测评值增长率变化

单位：%

城市	2015 年	2016 年	2017 年	2018 年	2019 年	2020 年
北京	48.94	-14.29	-38.33	-8.11	61.76	0.00
上海	2.25	-25.27	-16.18	40.35	16.25	-15.05
深圳	23.08	-4.46	0.00	22.43	-3.82	17.46
广州	-25.00	8.13	-21.80	-7.69	-8.33	11.36
重庆	95.65	42.22	-9.37	-6.90	3.70	32.14

第四节　北京金融支持效度指数保持第一

2020 年，五大城市金融支持效度指数的排名为：北京、深圳、上海、广州、重庆（见图 5-16）。金融支持效度指数可以通过金融业增加值占GDP 比重、人均新增贷款、企业存款占各项存款余额比重、技术合同成交额与新增贷款的比值四个指数来反映。与 2019 年相比，2020 年五大城市金融支持效度指数的变化不大，北京和深圳的金融支持效度指数增长 4，广州增长3，上海和重庆的增长还不到1。

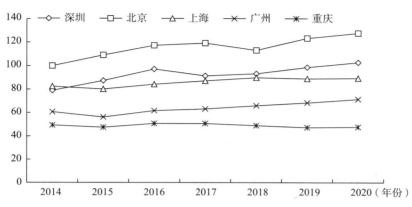

图 5 - 16　2014～2020 年五大城市金融支持效度指数横向比较

2014～2020 年，除重庆以外，其他四个城市的金融支持效度指数总体呈上升趋势。北京的金融支持效度指数一直不低于100，具有绝对优势，接着是深圳、上海和广州，重庆的金融支持效度指数一直处于劣势，并有小幅下降。与2014 年相比，2020 年北京的金融支持效度指数增长28，保持领先；其次是深圳，增长24，增长幅度较大，2020 年金融支持效度指数突破100；广州增长11，但由于基期水平较低，一直处于第四的位置；上海增长7；重庆下降1。

从增长率变化来看，2014～2020 年，深圳在2015 年和2016 年的增长率领先于其他四个城市历年来的增长率，分别达到10.54%和11.25%（见表5 - 16），但在2017 年指数下降后，增速放缓，且基期水平低于北京，因此从2015 年以来一直保持在第二的位置。北京在2015 年和2019 年增速较快，尽管在2018 年出现了短暂的回落，但领先地位不变。

表 5 - 16　2015～2020 年五大城市金融支持效度指数增长率变化

单位：%

城市	2015 年	2016 年	2017 年	2018 年	2019 年	2020 年
深圳	10.54	11.25	- 5.77	2.03	5.82	4.21
北京	9.11	7.65	1.69	- 5.19	9.19	3.49
上海	- 2.70	5.15	3.46	3.15	- 1.03	0.51

续表

城市	2015 年	2016 年	2017 年	2018 年	2019 年	2020 年
广州	− 7. 39	9. 89	2. 55	4. 38	3. 89	4. 43
重庆	− 3. 65	6. 74	0. 01	− 3. 39	− 3. 29	0. 91

一　北京金融综合能力保持较高水平

2020 年，北京金融业增加值占 GDP 比重（衡量北京金融综合能力）测评值位居第一，较第二名上海高 9，是广州和重庆的 2.2 倍（见图 5 - 17）。与 2019 年相比，2020 年北京金融业增加值占 GDP 比重测评值增长 9，深圳、上海、广州的测评值分别增长 10、7、2，重庆的测评值则几乎保持不变。就该指数而言，北京和上海保持领先地位，深圳居中，重庆和广州则较低。北京和上海始终保持在较高位置，2020 年的测评值超过 100，远高于其他三个城市；深圳始终保持在第三位，并且与北京和上海的差距拉大；广州和重庆的测评值较为平稳，保持在 60 左右，变化幅度较小。金融业增加值占 GDP 比重可以衡量一个地区的金融业发展规模和速度，但作为金融支持效度的分指数，它是一个反向指数，因此根据以上分析可知，北京和上海的金融支持效度较低，深圳处于中位，而广州和重庆较高。

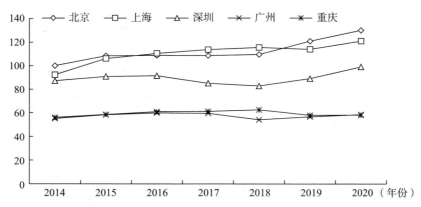

图 5 - 17　2014 ~ 2020 年五大城市金融业增加值占 GDP 比重测评值横向比较

与 2014 年相比，北京和上海 2020 年金融业增加值占 GDP 比重测评值的增长幅度较大，分别增长 30 和 29。北京 2019 年的增长率、上海 2015 年的增长率分别达到 10.34% 和 14.83% （见表 5 - 17），且起点高，因此两个城市持续保持领先地位。深圳 2020 年的测评值比 2014 年增加 12，2019 年和 2020 年的增长速度较快，其中 2020 年的增长率达到 11.16%。广州和重庆则增长缓慢，2020 年比 2014 年分别增长 3 和 2。

表 5 - 17　2015～2020 年五大城市金融业增加值占 GDP 比重测评值增长率变化

单位：%

城市	2015 年	2016 年	2017 年	2018 年	2019 年	2020 年
北京	8.34	0.37	- 0.12	0.92	10.34	7.60
上海	14.83	4.23	2.91	1.67	- 1.33	6.08
深圳	4.07	0.80	- 7.11	- 2.61	7.56	11.16
广州	5.66	2.85	- 0.59	- 9.20	4.68	3.33
重庆	4.40	4.06	0.47	2.15	- 7.27	0.06

二　北京人均新增贷款仍有空间

2020 年，北京人均新增贷款测评值居于中位，比第一名深圳低 47，分别是重庆和上海的 2.4 倍和 1.3 倍。与 2019 年相比，2020 年北京的人均新增贷款测评值增长 25，深圳、上海和重庆分别增长 55、16 和 1，广州则下降 2。从人均新增贷款来看，北京起点最高，但增长较慢，逐渐落后于深圳和广州，从 2018 年以来一直保持在第三位；除 2014 年和 2019 年，深圳的测评值都保持领先，且波动幅度较大，2016 年骤升，突破 200，接近于该年排名第二的广州的两倍，随即骤降，2019 年位于第二，但立即在 2020 年回到第一的位置；广州总体呈增长趋势，2020 年测评值仅低于深圳；上海 2014～2017 年的增速较快，但随即降低，从 2018 年以来一直保持在第四位；重庆始终位于第五，增长较慢（见图 5 - 18）。

与 2014 年相比，2020 年深圳的人均新增贷款测评值增长最多，高达 85，2016 年增长率高达 76.41%（见表 5 - 18）；其次是广州，2020 年比 2014 年增长 55；上海 2020 年比 2014 年增长 45，位于第三，上海在 2018 年前增长较快，但 2018 年、2019 年测评值降低，拉低了 7 年间的整体增长速度；北京 2020 年比 2014 年增长 29，增长率不高；重庆 2020 年比 2014 年增

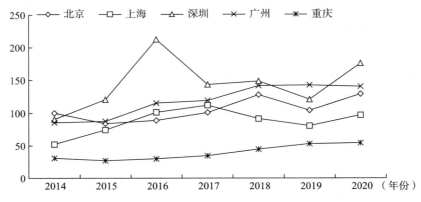

图 5 - 18　2014 ~ 2020 年五大城市人均新增贷款测评值横向比较

长 23，增长速度一般。由以上分析可知，就该指数而言，2020 年，深圳的金融支持效度最高，接下来是广州、北京和上海，重庆的金融支持效度最低。

表 5 - 18　2015 ~ 2020 年五大城市人均新增贷款测评值增长率变化

单位：%

城市	2015 年	2016 年	2017 年	2018 年	2019 年	2020 年
北京	- 16.04	5.68	13.55	26.64	- 18.35	23.63
上海	42.02	36.77	10.45	- 18.43	- 11.94	20.41
深圳	33.16	76.41	- 32.54	3.64	- 18.80	45.60
广州	2.37	31.78	3.27	18.91	0.65	- 1.64
重庆	- 12.46	10.16	15.66	29.22	19.05	2.26

三　北京企业资金相对实力保持中位

2020 年，北京企业存款占各项存款余额比重（该比重越大，表明社会总存款中企业存款越多，企业资金实力相对社会资金实力越大）测评值居于中位，与广州相当，比第一名深圳低 15。与 2019 年相比，2020 年北京企业存款占各项存款余额比重测评值的下降量不到 1，重庆、上海和深圳分别下降 2、3 和 6，仅广州增长 2（见图 5 - 19）。

2015 年，除深圳外，其他四个城市企业存款占各项存款余额比重测评值均急剧下降，北京的增长率达到 - 43.09%（见表 5 - 19）。2016 年，上海回升幅度较大，此后保持在第二的位置。北京在 2017 年后逐渐下降到与广州相当的水平。广州和重庆的测评值整体较低，其中重庆从 2017 年以来一直保持在最低位置。深圳的测评值除 2020 年小幅下降外，整体呈增长趋势，2016～2020 年持续位于第一。从 2014 年与 2020 年的增长变化来看，仅深圳出现了增长，其他四个城市的测评值都有不同幅度的下降，下降最多的是北京，2020 年比 2014 年低 45，接下来是重庆、上海和广州，分别下降38、30 和 23，深圳仅增长 19，且 2020 年的测评值仍然低于其他四市在基期的测评值。经以上分析可知，就该指数而言，2020 年五个城市的金融支持效度总体不高，深圳处于领先地位，其次是上海，北京居中，广州和重庆的金融支持效度较低。

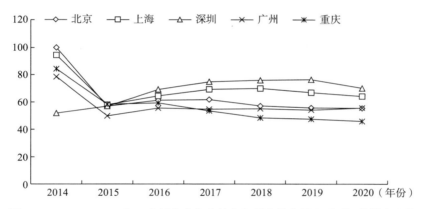

图 5 - 19　2014～2020 年五大城市企业存款占各项存款余额比重测评值横向比较

表 5 - 19　2015～2020 年五大城市企业存款占各项存款余额比重测评值增长率变化

单位：%

城市	2015 年	2016 年	2017 年	2018 年	2019 年	2020 年
北京	- 43.09	7.72	0.82	- 7.58	- 2.48	- 0.50
上海	- 38.65	11.32	7.52	0.93	- 4.23	- 4.07
深圳	10.19	21.60	8.09	1.51	0.65	- 8.18
广州	- 36.69	11.67	- 1.39	0.70	- 1.73	2.85
重庆	- 30.69	1.56	- 10.00	- 9.55	- 1.78	- 3.30

四 北京金融支持创新成效领先

2020 年，北京技术合同成交额与新增贷款的比值测评值位于五大城市之首，较第二名深圳高 108，分别是广州和重庆的 3.9 倍和 5.1 倍。与 2019 年相比，2020 年北京技术合同成交额与新增贷款的比值测评值下降 8，上海和深圳分别下降 11 和 23，广州和重庆则分别增长 9 和 2。就该指数而言，北京的优势十分突出，从 2015 年以来遥遥领先于其他四个城市，深圳和上海水平相当，广州和重庆较低。2014 年，北京该项指数的优势还不明显，2015 年大幅跃升，并且持续保持着领先地位，此后除 2018 年外，北京的测评值一直保持在 200 上下，是上海和深圳的两倍左右。上海、深圳与北京的起点相近，但从 2015 年开始和北京的差距拉大，2020 年的测评值不到 100。广州和重庆的测评值一直较低，基本不超过 50（见图 5 - 20）。

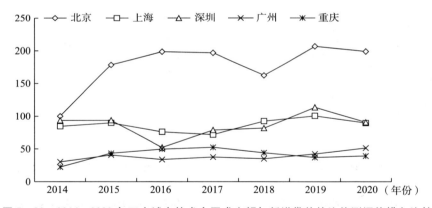

图 5 - 20　2014 ~ 2020 年五大城市技术合同成交额与新增贷款的比值测评值横向比较

与 2014 年相比，2020 年北京的测评值增长 99，增长幅度最大，2015 年增长率达到 78.60%（见表 5 - 20），优势突出；其次是广州和重庆，2020 年比 2014 年分别增长 21 和 17，重庆 2015 年的增长率达到 92.25%，但由于这两个城市起点低，2020 年的测评值仍然低于其他四个城市的基期值；上海 2020 年仅比 2014 年增长 5，变化不大；深圳 2020 年比 2014 年下降 3。从以上分析可知，就该指数而言，北京的优势明显，金融支持效度最高，上海和深圳一般，广州和重庆较低。

表 5 – 20　2015 ~ 2020 年五大城市技术合同成交额与新增贷款的比值测评值增长率变化

单位：%

城市	2015 年	2016 年	2017 年	2018 年	2019 年	2020 年
北京	78.60	11.18	− 0.92	− 17.56	27.23	− 3.81
上海	6.33	− 15.55	− 5.69	29.45	8.83	− 11.26
深圳	0.15	− 44.19	49.99	3.93	39.41	− 20.40
广州	34.37	− 16.99	11.10	− 6.66	20.64	21.11
重庆	92.25	14.70	5.34	− 15.70	− 16.18	5.93

第五节　北京优势识别

由前文分析可知，北京的金融支持分项指数处于绝对优势地位，连续七年排名第一。在四个二级指数中，北京金融支持分项指数的优势主要体现在金融实力指数、金融支持力度指数和金融支持效度指数方面。在二级指数下的三级指数中，北京的各项存款余额指数、金融机构法人数量指数、社会融资规模增量指数、新增债券融资指数、金融业增加值指数、不良贷款率指数、技术合同成交额与新增贷款的比值指数等相较于其他四个城市具有优势，这些指数的优势支撑北京的金融支持分项指数在五个城市中占据绝对优势地位。

其一，北京的金融实力优势不断加强，在金融资产和金融主体方面均具有明显优势。北京的金融实力指数一直遥遥领先于其他四个城市，且逐步拉大与其他城市的差距。相比于 2014 年，2020 年北京的金融实力指数增长 91.67，是重庆增长量的 5.6 倍。从金融实力指数对应的四个三级指数来看，北京各项存款余额的变化趋势与金融实力指数的变化趋势一致，一直保持增长且领先于其他四个城市，这是金融实力不断增强的重要支撑；北京金融机构资产总额相比于其他城市具有很大优势，特别是在近两年增长速度加快，成为北京保持金融实力领先的重要力量；北京的金融机构法人数量在 2020 年大幅增加，与其他城市的金融机构法人数量差距明显，进一步提升了北京的优势地位；北京的上市公司数量虽然与其他城市的差距不大，但一直处于首位。因此，北京金融实力上的优势来源于各个三级指数的支持，特别是各项存款余额和金融机构法人数量。

其二，北京的金融支持力度维持高位，融资规模保持领先。从三级指数来看，北京的社会融资规模增量总体处于较高水平，2018年以来明显领先于其他四个城市；北京的新增贷款维持在中等水平，对加大金融支持力度的作用不明显；新增债券融资处于绝对优势的地位，并且有优势不断扩大的趋势，该优势也是北京金融支持力度保持领先的重要原因；北京的新增股票融资指数波动幅度相对于其他三级指数而言较大，且近几年没有表现出突出优势，但其与上海、深圳的差距较小，对北京金融支持力度及金融支持分项指数的影响较小。由分析可知，北京的金融支持力度处于优势地位主要得益于社会融资规模增量和新增债券融资的领先。

其三，北京的金融可持续性在五个城市中保持领先，特别是在不良贷款率方面具有明显优势。除了2016年、2017年，北京的金融可持续性指数都处于第一的位置。具体而言，北京的各项贷款余额与各项存款余额的比值不占优势，一直处于第五的位置；就各项贷款余额占GDP比重来说，北京位于中间水平，但北京是唯一一个2020年测评值比2014年下降的城市，说明就该指数而言，北京的金融可持续性增强；在金融业增加值这个指数上，北京起初稳定在第二位，但2019年以来逐渐与上海持平，且遥遥领先于其他三个城市；北京的不良贷款率除2014年外，持续保持在五个城市的最低位，且增长幅度较小，在该指数上具有优势。由以上分析可知，北京金融可持续性的优势主要是靠金融业增加值和不良贷款率两项指数来支撑的，北京的金融业增加值持续保持领先，不良贷款率也远低于其他四个城市，该指数为北京保持在金融可持续性上的领先地位提供了重要支撑。

其四，北京的金融支持效度在五个城市中具有绝对优势，主要体现在发明创新方面。2014~2020年，北京的金融支持效度指数持续位于第一。具体而言，北京的金融业增加值占GDP比重保持较高水平，但在金融支持效度上，此指数为反向指数，表明北京在此指数上的金融支持效度最低；在人均新增贷款上，北京处于中间位置；北京在企业存款占各项存款余额比重上也处于中间位置，并出现了下降趋势，因此在该指标数不具有优势；在技术合同成交额与新增贷款余额的比值上，北京具有绝对优势，2015年以来遥遥领先于其他四个城市，该指数为北京的金融支持效度指数做出了巨大贡献。由以上分析可知，北京金融支持效度的优势主要是靠技术合同成交额与新增贷款的比值支撑的，在金融业增加值占 GDP 比重、人均新增贷款、企业存款占各项存款余额比重三个指数都不具备优势的情况下，北京能够持续保持在金融支持效度上的绝对优势，完全是依赖技术合同成交额与新增贷款的比值拉动。

第六章
五大城市经济成效比较与北京优势识别

经济成效反映了一个地区经济发展的总体效果。经济成效不仅体现在经济规模上，还体现了经济发展质量、产业结构升级情况和对外开放水平，因此分析经济成效分项指数可以总结一个地区经济发展的动力因素，为之后的经济发展提供经验。本章对增长数量、增长质量、动能升级、对外开放四个指数展开分析，总结北京经济发展的优势与上升空间。根据分析总结出以下几个结论：北京的增长数量指数保持领先，增长质量、动能升级指数稳步提升，上升空间主要体现在对外开放指数上。

第一节　北京增长数量指数保持领先

2020 年五大城市增长数量指数的排名为：北京、上海、深圳、广州、重庆（见图 6 - 1）。2014 ~ 2020 年，北京增长数量指数整体有所增长，增长率为 5.6%。2014 ~ 2019 年，北京增长数量指数呈现持续上升趋势，2020 年北京增长数量指数开始下滑，下降幅度为 14.73%，但相对于其他几个城市，北京的增长数量指数依然保持领先。2020 年，五个城市的增长数量指数均出现下滑，北京的下降幅度是最大的，为 14.73%，广州的下降幅度为 13.95%，上海的下降幅度为 13.35%，深圳的下降幅度为 12.27%，重庆的下降幅度是最小的，为 9.17%（见表 6 - 1）。2014 ~ 2020 年，五个城市的增长数量指数均出现了较大的波动。上海与北京的增长数量指数变动趋势相似，在个别年份增长速度存在差异。深圳增长数量指数总体来看呈下降趋势，2014 ~ 2017 年，深圳增长数量指数以相对平稳的速度增长，2017 年增长速度放缓，2018 年出现下降趋势，2019 年略微增长，2020 年再次出现下降。广州增长数量指数 7 年间也呈下降趋势，2014 ~ 2016 年，广州增长数量指数呈现增长趋势，2017～2018 年略微下降，2019 年出现回升，2020年再次出现下滑。重庆的增长数量指数总体呈下降趋势，2014～2016 年，重庆增长数量指数保持增长，2017～2018 年出现下滑，2019 年开始回升，2020 年再次出现下降。增长数量指数出现大幅度下降的原因主要是新冠病毒感染疫情突袭而至，疫情对经济造成了巨大负面影响，因此各个城市的经济整体出现下滑。

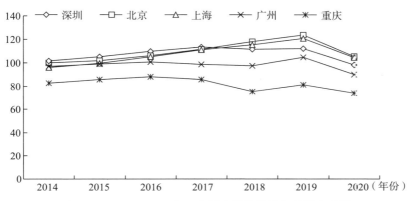

图 6－1　2014～2020 年五大城市增长数量指数横向比较

表 6－1　2015～2020 年五大城市增长数量指数增长率变化

单位：%

城市	2015 年	2016 年	2017 年	2018 年	2019 年	2020 年
北京	1.95	4.18	5.11	5.82	4.84	−14.73
上海	3.73	5.58	5.59	3.86	4.66	−13.35
广州	2.01	1.77	−2.02	−1.14	7.43	−13.95
深圳	3.46	4.40	3.35	−1.69	0.57	−12.27
重庆	3.77	2.71	−2.50	−12.23	8.01	−9.17

资料来源：根据财经指数模型数据计算，下同。

　　相比于 2014 年，2020 年北京和上海的增长数量指数有所增长，其他三个城市则是下降的。北京 2020 年的增长数量指数较 2014 年增加 6，上海的增长数量指数同期增长 9。相较于北京、上海的增长，深圳、广州和重庆增长数量指数是下降的，2020 年比 2014 年分别下降 3、7、9。其中，深圳的增长数量指数减少最小，重庆最大。根据后面指数分析可知，北京增长的主要原因是 GDP 和人均 GDP 的大幅增长。

一 北京 GDP 持续增长

2020 年，北京 GDP 测评值持续增长，但增长速度放缓，排名保持稳定（见图 6-2）。2014~2020 年，北京 GDP 出现大幅上升，年均增长率为 8.65%。2014~2017 年，北京 GDP 测评值保持增长，并且增长速度逐年提升，2018 年增长速度略微放缓，2019 年增长速度显著提升，2020 年增长速度显著放缓，但总量依然保持增长。7 年间北京的 GDP 测评值排名始终保持第二。五个城市 2020 年较 2014 年的 GDP 测评值呈现持续增长趋势，其中：北京的增长率为 64.52%，排名第三；重庆的增长率最高，为 74.57%；深圳的增长率为 68.21%；上海的增长率略低于北京，为 60.8%；广州的增长率是最低的，为 48.07%。北京与上海的 GDP 测评值领先于其他三个城市，并且排名稳定，上海排名第一，北京保持第二。GDP 测评值较高是北京、上海两个城市增长数量指数 2020 年相对于 2014 年上升的重要原因之一。深圳、广州、重庆的 GDP 测评值处于第二梯队，2014~2015 年，广州的 GDP 测评值略微领先于深圳，2016~2020 年深圳的 GDP 测评值已经赶超广州，并且与广州的差距越来越大。重庆的 GDP 测评值具有较大提升空间，2014~2020 年重庆 GDP 测评值整体呈增长趋势，2020 年增长放缓。

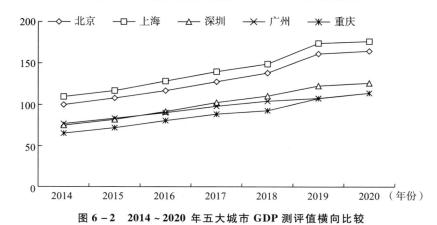

图 6-2　2014~2020 年五大城市 GDP 测评值横向比较

2014~2020 年，五大城市的 GDP 测评值都保持增长（见表 6-2），其中：北京 GDP 测评值的增长量为 65，由 100 增长到 165；上海的增长量为

67，略高于北京；深圳的增长量为 51，排名第三；重庆的增长量为 49，排名第四。GDP 测评值的大幅增长为北京增长数量指数的增长做出了巨大的贡献。

表 6 – 2 2015～2020 年五大城市 GDP 测评值增长率变化

单位：%

城市	2015 年	2016 年	2017 年	2018 年	2019 年	2020 年
北京	7.94	8.37	9.14	8.23	16.66	2.07
上海	6.61	9.84	8.69	6.68	16.75	1.43
广州	8.39	8.02	8.70	6.31	3.37	5.88
深圳	9.51	11.47	12.00	7.70	11.17	2.76
重庆	10.24	11.94	9.90	4.83	15.92	5.92

二 北京第三产业占比遥遥领先

2020 年，北京第三产业占比测评值保持相对稳定并遥遥领先于其他城市（见图 6 – 3）。2014～2020 年，北京的第三产业占比测评值略有上升，增长率为 7.44%。上海与广州不相上下，深圳排名处于第四，重庆第三产业占比较小。

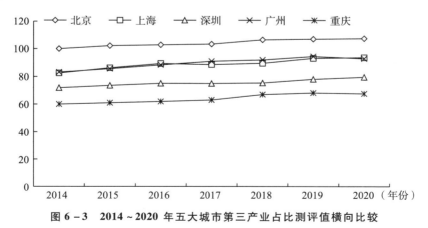

图 6 – 3 2014～2020 年五大城市第三产业占比测评值横向比较

对比 2014 年与 2020 年的第三产业占比测评值可知，上海的增长幅度最大，接下来是广州，深圳与重庆的增长幅度持平，北京的增长幅度最小。北京 2020 年第三产业占比测评值较 2014 年的增长量为 7，增长率为 7.44%，该指数对其增长数量指数增长的贡献较小。上海由 2014 年的 83 增加到 2020 年的 94，增长量为 11，增长率达到 13.25%。广州由 2014 年的 83 增长到 2020 年的 93，增长量为 10，增长率为 12.05%。深圳与重庆的增长量均为 8，深圳从 2014 年的 72 增长到 2020 年的 80，增长率为 11.11%，重庆从 2014 年的 60 增长为 2020 年的 68，增长率为 13.33%。北京增长幅度小的主要原因是第三产业早已成为支柱产业，经济发展的重点已逐渐由产业结构优化转为第三产业内部产业转型升级，因此北京第三产业占比对经济的贡献逐渐降低。2015~2020 年五大城市第三产业占比测评值增长率变化见表 6-3。

表 6-3 2015~2020 年五大城市第三产业占比测评值增长率变化

单位：%

城市	2015 年	2016 年	2017 年	2018 年	2019 年	2020 年
北京	2.18	0.63	0.50	3.10	0.48	0.36
上海	4.50	3.71	-0.86	1.01	4.01	0.55
广州	2.90	3.32	2.90	1.03	2.72	-1.61
深圳	2.32	2.09	-0.17	0.51	3.57	1.97
重庆	1.71	1.47	1.86	6.30	1.71	-0.75

三 北京 GDP 增长率持续下降

2020 年，北京 GDP 增长率测评值较 2019 年大幅下降，且 GDP 增长率测评值排名也降至末位（见图 6-4）。北京 2020 年 GDP 增长率测评值较 2014 年下降 83.78%。其中，2015 年的下降率为 6.76%（见表 6-4），之后下降速度放缓，2019 年、2020 年下降速度加快。2014~2020 年，北京的 GDP 增长率排名由第四名下降到最后一名。2014~2020 年，五个城市的 GDP 增长率总体均呈下降趋势。北京 2020 年 GDP 增长率测评值较 2014 年下降最快；其次是上海，同期下降 76.06%；广州同期下降 68.6%，排名第三；深圳与重庆的同期降幅差距较小，分别下降 64.77% 和 64.22%。2014~2020 年，五个城市 GDP 增长率的波动较大。2014~2017 年，重庆的 GDP 增长率遥遥领先，超过其他四个城市，2018 年重庆 GDP 增长率下降速度加快，使得重庆的排名下降至第五名，2019 年出现回升，2020 年再次出现大幅下降，此时重庆 GDP 增长率的排名回到第一名。深圳的 GDP 增长率测评值变动相对于重庆较小，2014～2016 年，深圳的 GDP 增长率测评值以较小的速度保持增长，2017～2020 年，深圳 GDP 增长率测评值呈现下降趋势，并且下降速度加快。广州 2014～2018 年 GDP 增长率测评值持续下降，2019 年有所增长，2020 年再次出现下降。上海除 2017 年略有上升外，其余年份 GDP 增长率测评值都在下降。

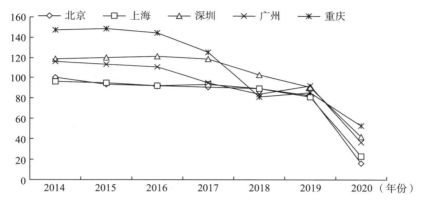

图 6-4　2014～2020 年五大城市 GDP 增长率测评值横向比较

表 6-4　2015～2020 年五大城市 GDP 增长率测评值增长率变化

单位：%

城市	2015 年	2016 年	2017 年	2018 年	2019 年	2020 年
北京	-6.76	-1.45	-1.47	-1.49	-7.58	-80.33
上海	-1.41	-2.86	1.47	-4.35	-9.09	-71.67
广州	-2.33	-2.38	-14.63	-11.43	9.68	-60.29
深圳	1.14	1.12	-2.22	-13.64	-11.84	-53.73
重庆	0.92	-2.73	-13.08	-35.48	5.00	-38.10

相对于 2014 年，2020 年五个城市的 GDP 增长率测评值均出现大幅下降，其中：北京下降 84，仅次于重庆；重庆下降最多，为 95；广州下降 80，略少于北京，排名第三；深圳下降 77，排名第四；上海下降最少，为 73。

四　北京人均 GDP 跃升第一

2014～2020 年，北京人均 GDP 测评值持续上升并于 2019 年跃升第一名（见图 6-5）。2014～2020 年，北京人均 GDP 测评值不断增加，增长率为 54.49%。2014～2018 年，北京人均 GDP 测评值持续增长，并且增长速度逐年提升，2019～2020 年增长速度放缓，但总量仍然保持增加。2014～2020 年，除深圳在 2020 年略有下降，五个城市的人均 GDP 均呈上升趋势。2014～2018 年，北京人均 GDP 测评值稳步增长，排名稳定在第二；2019～2020 年，北京的人均 GDP 测评值超过深圳，跃升第一。2014～2018 年，深圳的人均 GDP 测评值稳居第一，并且以较平稳的速度增长。2019 年深圳的人均 GDP 测评值增速放缓，北京的增速加快，北京的人均 GDP 测评值超过深圳。北京人均 GDP 快速增长的主要原因是人均收入的增加促使人民的消费需求增加，消费需求的增加推动消费升级，进而推动人均 GDP 增加。2014 年广州的人均 GDP 测评值与北京相当，但是 2014～2018 年广州增长速度缓慢，因此逐渐落后于深圳、北京和上海。2014～2020 年，上海人均 GDP 测评值的变动趋势与北京相似，增长速度相对稳定，人均 GDP 测评值呈现持续上升趋势，由 2014 年的第四名上升到 2015 年的第三名，并在接下来的 5 年中稳居第三名，稳定的增长速度反映出上海稳定的经济。北京、上海、深圳、广州的人均 GDP 测评值处于第一梯队，重庆的人均 GDP 测评值则处于第二

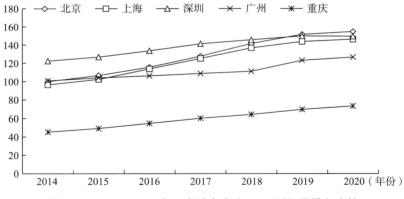

图 6-5　2014～2020 年五大城市人均 GDP 测评值横向比较

梯队。2014~2020 年重庆的人均 GDP 以平稳的速度上升，重庆的人均 GDP 测评值一直处于第五名，重庆的经济发展也保持着相对稳定。

从 2014 年与 2020 年的对比来看，五个城市的人均 GDP 均出现大幅增加。其中，北京人均 GDP 测评值增长幅度最大，2014 年北京人均 GDP 测评值为 100，2020 年为 154，增长 54。北京居民收入稳步增加，生活水平逐年提高，服务性消费增势良好，刺激经济进一步发展，增长数量指数稳定增加。其次是上海，增长幅度为 50，2014 年上海的人均 GDP 测评值是 96，2020 年是 146，增长率为 52.08%。重庆人均 GDP 测评值增长 28，从 2014 年的 45 增长到 2020 年的 73，增长率为 62.22%。高增长率表明重庆产业转型的成效颇为显著，人均收入增长明显。深圳人均 GDP 测评值的增长量为 27，略低于重庆，从 2014 年的 122 增长至 2020 年的 149，增长率为 22.13%。广州的增长量略小于深圳，从 2014 年的 101 增长至 2020 年的 127，增长 26，增长率为 25.74%。2015~2020 年五大城市人均 GDP 测评值增长率变化见表 6-5。

表 6-5 2015~2020 年五大城市人均 GDP 测评值增长率变化

单位：%

城市	2015 年	2016 年	2017 年	2018 年	2019 年	2020 年
北京	6.52	8.53	10.36	10.86	7.16	1.92
上海	6.23	11.17	9.97	9.21	5.14	1.63
广州	3.28	2.11	2.34	2.12	10.88	2.78
深圳	3.70	5.34	5.79	3.04	2.94	-0.36
重庆	8.63	11.15	10.03	6.68	8.58	5.16

第二节 北京增长质量指数稳步提升

2020 年，五大城市增长质量指数排序为上海、北京、深圳、广州、重庆（见图 6-6）。2014~2019 年，上海、北京、广州、深圳四个城市的增长质量指数均呈现稳步上升。重庆的增长质量指数在 2015~2018 年波动下降，2019 年起逐步回升。2020 年，北京、深圳、广州的增长质量指数均出现不同幅度的下降，但上海和重庆依然保持上升。2014 年，北京增长质量指数位列第一。2015～2020 年，上海和北京的增长质量指数分别位列第一和第二。广州和深圳的增长质量指数在 2015～2017 年分别保持第三和第四位，2018 年两个城市的增长质量指数持平，2019 年深圳的增长质量指数反超广州位列第三。重庆的增长质量指数在 2014 年位列第四，高于深圳，但从 2015 年起始终居于末位，且与其他四个城市的差距逐步扩大。

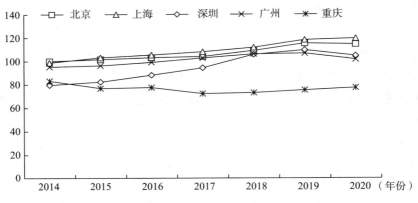

图 6－6　2014～2020 年五大城市增长质量指数横向比较

重庆 2020 年增长质量指数较上一年增长最快，达到 2.61%；上海 2020 年增长质量指数是除重庆外唯一正增长的城市，达到 0.98%。北京、深圳、广州 2020 年增长质量指数均有所下降，降幅分别 0.73%、4.55% 和 4.9%（见表 6－6）。

相比于 2014 年，2020 年五个城市的增长质量指数表现不一。其中，深圳增长质量指数从 2014 年的 80 增长到 2020 年的 105，增长量排名第一。其次是上海，从 2014 年的 99 增长到 2020 年的 119，增长量排名第二。北京增长质量指数增加 14，从 100 增长至 114，增长量排名第三。广州增长质量指数从 96 增长至 101，增长量排名第四。重庆增长质量指数从 2014 年的 83 下降到 2020 年的 77。

表 6－6　2015～2020 年五大城市增长质量指数增长率变化

单位：%

城市	2015 年	2016 年	2017 年	2018 年	2019 年	2020 年
北京	1.61	1.48	0.85	4.80	5.77	－0.73

续表

城市	2015 年	2016 年	2017 年	2018 年	2019 年	2020 年
上海	4.38	2.15	2.53	3.45	5.86	0.98
广州	0.99	3.04	3.59	3.30	0.53	-4.90
深圳	3.36	7.10	7.03	12.03	3.61	-4.55
重庆	-7.72	0.92	-6.80	1.11	3.03	2.61

一　北京劳动产出水平稳定上升

2020 年，北京全员劳动生产率测评值稳定上升，并且排名跃居第一（见图 6-7）。2014~2020 年，北京的全员劳动生产率测评值显著提升，增长率高达 51.1%。2014~2019 年，北京的全员劳动生产率测评值稳步提升，并且增长速度逐年增加。2020 年增速有所放缓，但总体水平仍然提升。2014~2020 年，五个城市的全员劳动生产率均有不同幅度的提高，其中：北京的增长率为 51.1%，排名第三；重庆的增长率最高，为 76.77%；深圳的增长率仅次于重庆，为 53.44%；上海的增长率为 47.25%；广州只出现了略微的增长，增长率为 0.36%。2014~2020 年，北京、上海、重庆的全员劳动生产率基本保持稳步增长，深圳和广州波动较大。具体来看，北京呈持续增长状态；上海 2020 年出现下降趋势，其余年份均保持增长，并且增长相对稳定；重庆持续增长，2020 年增速加快，但重庆的全员劳动生产率相对于其

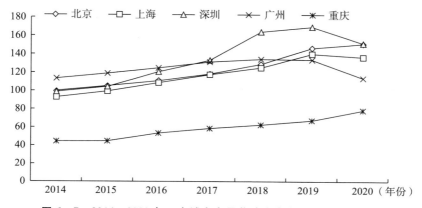

图 6-7　2014~2020 年五大城市全员劳动生产率测评值横向比较

他四个城市来说还是具有较大的提升空间；深圳在 2020 年出现下降，其余年份均保持增长，2015～2018 年增速较快，2019 年增速放缓；广州 2014～2018 年保持增长，2019～2020 年出现下滑。

2020 年，重庆和北京全员劳动生产率测评值较上一年分别增长 16.53% 和 3.16%，而上海、深圳和广州全员劳动生产率测评值较上一年分别下降 2.46%、10.56% 和 14.94%（见表 6-7）。相比于 2014 年，2020 年五个城市的全员劳动生产率测评值均有所上升，其中深圳的增长最多，2014 年深圳的测评值为 99，2020 年测评值为 152，上升 53，增长率为 53.54%。深圳的全员劳动生产率测评值对其增长质量指数有较大的贡献。其次是北京，从 2014 年的 100 增长至 2020 年的 152，上升 52，增长率为 52%。北京工业生产增势稳定，生产效率不断提升，通过提效降耗来优化各产业生产结构。接下来是上海，全员劳动生产率测评值从 93 增长至 137，上升 44。重庆全员劳动生产率测评值上升 34，排名第五，但重庆的增长率高达 76.77%，对增长质量指数增长的贡献巨大。对比 2014 年与 2020 年可见，广州的全员劳动生产率测评值保持平稳，几乎没有变化。

表 6-7　2015～2020 年五大城市全员劳动生产率测评值增长率变化

单位：%

城市	2015 年	2016 年	2017 年	2018 年	2019 年	2020 年
北京	5.26	5.35	6.80	9.02	13.44	3.16
上海	6.98	9.50	8.14	6.45	11.95	-2.46
广州	4.89	4.88	5.29	2.25	-0.38	-14.94
深圳	5.66	15.66	10.35	23.11	3.34	-10.56
重庆	0.55	19.65	9.74	6.47	7.91	16.53

二　北京单位 GDP 能耗下降速度加快

2020 年，北京单位 GDP 能耗测评值下降速度加快，排名第四（见图 6-8）。2014～2020 年，北京单位 GDP 能耗测评值持续下降，降幅达 32.86%。2014～2017 年，北京单位 GDP 能耗测评值以相对平稳的速度下降，2018 年下降速度放缓，2019 下降速度开始回升，2020 年下降速度加快，超过过去几年的降幅。2014～2020 年，五个城市均出现大幅下降。其中：北京的降幅为 32.86%，仅次于重庆，排名第二；重庆的降幅为 40.67%，领先于其他四个城市；上海、深圳、广州的下降幅度差距不大，降幅分别为 28.98%、24.66%、24.04%。2014～2020 年，五个城市的单位 GDP 能耗测评值均表现出持续下降趋势，并且排名保持稳定。北京的单位 GDP 能耗测评值在2014～2018 年持续排在第四名，2019 年被广州略微赶超，2020 年又回到第四名；深圳的单位 GDP 能耗测评值下降速度在 2020 年放缓，其余年份下降速度相对稳定，深圳的单位 GDP 能耗测评值是最低的；广州的单位 GDP 能耗测评值略高于北京，2020 年广州的单位 GDP 能耗测评值呈上升趋势，排名稳定在第三；上海在 2014～2020 年的下降速度相对稳定，排名稳定在第二；重庆在 2016 年、2018 年、2019 年的下降速度有所放缓，其余年份的下降速度比较高，重庆的单位 GDP 能耗较高，排名第一。整体来说，北京、深圳、广州的单位 GDP 能耗测评值较低，属于第一梯队；上海和重庆的单位 GDP 能耗测评值较高，属于第二梯队。

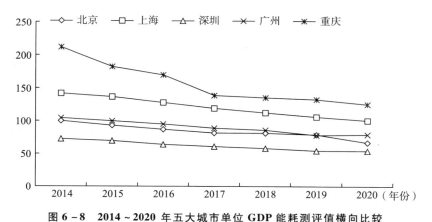

图 6-8　2014～2020 年五大城市单位 GDP 能耗测评值横向比较

2020 年，只有广州单位 GDP 能耗测评值较 2019 年有所上升，其余 4 个城市均呈下降态势，其中北京降幅最大，下降 15.35%（见表 6-8）。

北京单位 GDP 能耗测评值从 2014 年的 100 降到 2020 年的 67，上海从2014 年的 142 降到 2020 年的 101。北京和上海早已形成以金融、科技、信息服务等产业为主的支柱产业，因此单位 GDP 能耗的下降对增长质量的提升效果不那么显著。2014 年广州的单位 GDP 能耗测评值为 104，2020 年为

79，下降 25，下降量小于北京。深圳的下降量最小，为 18。广州和深圳的
降幅相似，分别为 24.04% 和 24.66%。深圳的单位 GDP 能耗是五个城市中
最低的，因此下降空间与其他四个城市相比较小。重庆单位 GDP 能耗的下
降量最大，从 2014 年的 212 下降至 2020 年的 126，下降 86，排名第一，降
幅为 40.57%。重庆经济处于战略转型阶段，由传统制造业逐渐向战略性新
兴产业转型，单位 GDP 能耗的显著下降使重庆的增长质量指数大幅提升。

表 6-8　2015~2020 年五大城市单位 GDP 能耗测评值增长率变化

单位：%

城市	2015 年	2016 年	2017 年	2018 年	2019 年	2020 年
北京	-7.06	-6.26	-6.12	-0.24	-2.80	-15.35
上海	-3.64	-6.36	-6.84	-5.68	-5.59	-5.11
广州	-4.51	-4.76	-6.28	-3.29	-8.90	1.31
深圳	-3.81	-7.85	-5.01	-4.28	-6.17	-0.36
重庆	-13.75	-6.93	-18.15	-2.44	-1.90	-5.65

三　北京环境治理持续开展

2014~2020 年，北京 PM2.5 测评值持续降低，2020 年下降速度略有放
缓，排名基本保持稳定（见图 6-9）。2014~2016 年，北京的 PM2.5 测评
值以相对平稳的速度下降，2017 年下降速度显著提高，2018 年下降速度略

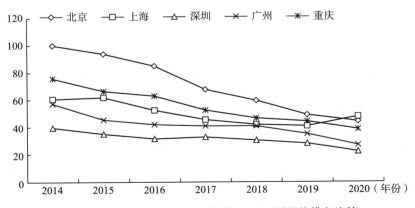

图 6-9　2014~2020 年五大城市 PM2.5 测评值横向比较

有放缓，2019 年降速再次加快，2020 年降速放缓。北京的 PM2.5 测评值相对较高，2020 年排名略有下降，从第一名下降至第二名。2014～2020 年，五个城市均出现了大幅下降。

对比 2020 年与 2014 年，五个城市的 PM2.5 测评值均出现大幅下降。北京的下降量最大，从 2014 年的 100 下降到 2020 年的 44，下降 56，降幅为 56%，对增长质量的提升有显著贡献。其次是重庆，从 2014 年的 76 下降至 2020 年的 38，下降 38，降幅为 50%。接下来是广州，由 2014 年的 57 下降至 2020 年的 27，下降 30，降幅为 52.63%。深圳下降 18，从 2014 年的 40 下降至 2020 年的 22，降幅为 45%。上海下降 13，从 2014 年的 61 下降至 2020 年的 48，降幅为 21.31%。北京经过疏解治理，高排放、高污染产业逐渐被取缔，用于环境保护的资金投入逐年增加，PM2.5 测评值持续大幅下降，年均降幅为 12.56%，生态环境质量明显提升，生态环境保护制度更加完善，城市人居环境明显改善，增长质量指数不断攀升。2015～2020 年五大城市 PM2.5 测评值增长率变化见表 6-9。

表 6-9　2015～2020 年五大城市 PM2.5 测评值增长率变化

单位：%

城市	2015 年	2016 年	2017 年	2018 年	2019 年	2020 年
北京	-6.17	-9.43	-20.55	-12.07	-17.65	-9.52
上海	1.92	-15.09	-13.33	-7.69	-2.78	17.14
广州	-20.41	-7.69	-2.78	0.00	-14.29	-23.33
深圳	-11.76	-10.00	3.70	-7.14	-7.69	-20.83
重庆	-12.31	-5.26	-16.67	-11.11	-5.00	-13.16

四　北京居民收入稳步提升

2020 年，北京人均可支配收入测评值较 2019 年有所增加，增速略有放缓，排名保持稳定（见图 6-10）。除 2020 年增长速度略有放缓外，其余年份北京人均可支配收入以相对稳定的速度增长，排名稳定在第二。2014～2020 年，五个城市的人均可支配收入测评值均呈上升趋势，增速稳定，排名稳定。2020 年，北京人均可支配收入测评值较 2014 年增长

56%，略低于其他四个城市；重庆的增长率最高，达 67.96%；上海、广州、深圳的增长率差距不大，分别为 60.40%、58.76% 和 58.70%。上海、北京、广州、深圳的人均可支配收入测评值属于第一梯队，重庆则处于第二梯队。其中，上海的人均可支配收入测评值最高，排名第一，除 2020 年增长率仅为 4.02% 外，其他几年均以相对平稳的速度增长；北京的人均可支配收入测评值仅次于上海，排名第二；广州排名第三；深圳排名第四。这四个城市的人均可支配收入测评值相当，属于第一梯队。重庆的人均可支配收入测评值相对其他几个城市较小，但保持着相对稳定的增长速度。

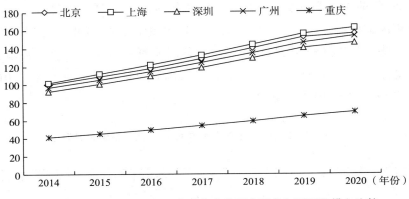

图 6～10　2014～2020 年五大城市人均可支配收入测评值横向比较

对比 2020 年和 2014 年，五个城市的人均可支配收入测评值均有大幅增长。其中，上海的人均可支配收入测评值增长幅度最大，从 2014 年的 101 增长至 2020 年的 162，增长 61，增长率为 60.40%。其次是广州，增长 57，从 2014 年的 97 增长至 2020 年的 154，增长率为 58.76%。北京人均可支配收入测评值增长 56，从 2014 年的 100 增长至 2020 年的 156，增长率为 56%。深圳人均可支配收入测评值增长 54，从 2014 年的 92 增长至 2020 年的 146，增长率为 58.70%。重庆人均可支配收入测评值增加较少，从 2014 年的 41 增长至 2020 年的 69，增长 28，但重庆的增长率高达 68.29%。居民生活水平的提高能更好地提高经济发展质量，促进经济增长。2015～2020 年五大城市人均可支配收入测评值增长率变化见表 6－10。

表 6 - 10　2015 ~ 2020 年五大城市人均可支配收入测评值增长率变化

单位：%

城市	2015 年	2016 年	2017 年	2018 年	2019 年	2020 年
北京	8.92	8.40	8.95	8.97	8.65	2.48
上海	10.46	8.90	8.62	8.81	8.19	4.02
广州	8.80	9.00	8.75	8.27	8.45	5.00
深圳	9.00	9.10	8.71	8.70	8.65	3.77
重庆	9.58	9.57	9.62	9.24	9.60	6.58

第三节　北京动能升级指数持续攀升

动能升级指数由战略性新兴产业增加值、高技术制造业增加值、现代服务业增加值和技术合同成交额四个三级指数加权构成。2020 年，五大城市动能升级指数排序为：深圳第一，北京第二，上海第三，广州第四，重庆第五（见图 6 - 11）。五大城市总体均呈上升趋势，北京保持稳步增长，但与深圳仍存在一定差距，深圳的动能升级指数最为显著。2014 ~ 2020 年，深圳动能升级指数的增长势头强劲，排名始终居五大城市首位，2019 年动能升级指数达到峰值 300，2020 年小幅下降至 298，为同年度北京动能升级指数的 1.55 倍。北京动能升级指数保持平稳增长，由 2014 年的 100 上升至 2018 年的 140，2020 年达到 192。2014 ~ 2020 年，上海、广州和重庆的动能

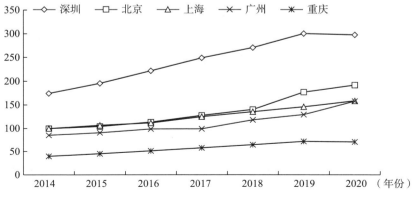

图 6 - 11　2014 ~ 2020 年五大城市动能升级指数横向比较

升级指数总体保持稳中有进的增长态势，其中，广州和上海2020年动能升级指数均为158。

2020年，五大城市动能升级指数增长率排名为：广州、上海、北京、深圳和重庆。其中，广州2020年动能升级指数较2019年的增长率达到21.95%；上海和北京增长率基本持平，分别是8.63%和8.37%；深圳和重庆增长率均为负，分别为-0.88%和-1.59%（见表6-11）。

表6-11 2015~2020年五大城市动能升级指数增长率变化

单位：%

城市	2015年	2016年	2017年	2018年	2019年	2020年
北京	4.21	8.82	12.58	9.89	26.22	8.37
上海	6.80	4.97	11.70	8.33	7.78	8.63
深圳	12.15	13.58	12.11	8.68	10.91	-0.88
广州	6.59	8.79	0.28	19.32	9.29	21.95
重庆	13.53	14.02	12.09	12.13	10.75	-1.59

一 北京战略性新兴产业增加值逐年上升

2014~2020年，五大城市的战略性新兴产业增加值测评值总体呈上升趋势。2020年，北京位居第二，相较广州、上海及重庆具有一定优势（见图6-12）。具体而言，深圳战略性新兴产业增加值测评值连续7年位列第一，并整体保持较快增长。北京战略性新兴产业增加值测评值在2014~2018年略低于上海，2019年实现反超，增长至246，同比增长率达71.77%，并于2020年增长至262，较上海高出48。广州战略性新兴产业增加值测评值自2017年后出现阶梯式增长，2020年同比增长73.02%，反超上海位居第三。重庆战略性新兴产业增加值测评值2014~2020年持续增长，但起点较低，与其他城市存在较大差距。

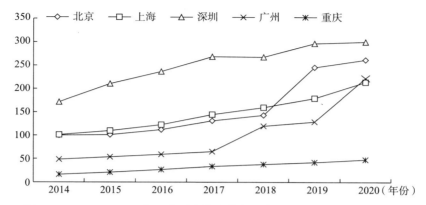

图 6 - 12　2014 ~ 2020 年五大城市战略性新兴产业增加值测评值横向比较

　　2014 ~ 2020 年，广州和北京战略性新兴产业测评值增长明显，相较其他城市具有较大优势（见表 6 - 12）。广州 2020 年比 2014 年增长 174，居五大城市之首；北京的增长量为 162，位居第二；深圳和上海分别以增长量 129 和 113 位列第三和第四；重庆从 2014 年的 16 上升至 2020 年的 48，增长量为 32，在五大城市中最小。2019 ~ 2020 年，广州依托智能制造、生物医药两个国家级战略性新兴产业集群，新兴产业得到迅速发展，为全国其他城市探寻发展新兴产业的途径和方法做出有效示范。北京战略性新兴产业增加值测评值在 2019 年大幅增加，并于 2020 年持续上涨，是北京动能升级指数快速增长的主要原因之一，表明北京在不断推进战略性新兴产业的发展，不断增强技术服务优势、科技创新优势，提升装备制造能力，加快新能源和智能电网等战略性新兴产业布局，培育北京经济发展新动能，以新兴产业引领地区未来发展方向。

表 6 - 12　2015 ~ 2020 年五大城市战略性新兴产业增加值测评值增长率变化

单位：%

城市	2015 年	2016 年	2017 年	2018 年	2019 年	2020 年
北京	1. 10	10. 70	17. 21	9. 17	71. 77	6. 66
上海	8. 48	11. 65	18. 20	10. 49	12. 29	19. 47
深圳	23. 04	12. 30	13. 54	- 0. 35	10. 93	1. 15
广州	10. 79	10. 00	10. 15	84. 69	7. 50	73. 02
重庆	27. 20	27. 20	25. 70	13. 10	11. 60	13. 50

二　北京高技术制造业增加值总体平稳增长

在高技术制造业增加值测评值方面，北京始终处于五大城市末位，高技术制造业发展水平亟待提升（见图6-13）。具体而言，深圳高技术制造业增加值自2014年起持续上升，于2019年上升至峰值707，后于2020年略微下滑至675，持续位列五大城市之首，并远超其他城市，相较其他城市具有绝对优势。其余四个城市的变动相较深圳整体而言更为平稳，处于略微波动缓慢上升的状态。广州、上海、重庆和北京2020年高技术制造业增加值测评值依次递减，分别为256、196、157和138。北京2020年高技术制造业增加值测评值比排名第一的深圳低537，表明北京高技术制造业的产业布局与结构优化仍有很大的提升空间，高技术制造业增加值测评值不高也是降低北京动能升级指数整体水平和排名的关键因素之一。

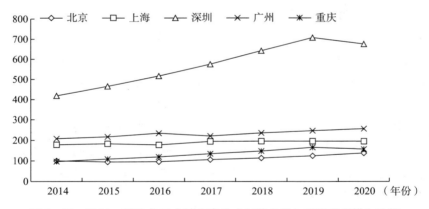

图6-13　2014~2020年五大城市高技术制造业增加值测评值横向比较

值得一提的是，北京高技术制造业增加值测评值虽居第五位，但年均增幅为5.69%，位于五大城市中游，仍表现出一定的发展潜力。深圳高技术制造业增加值测评值居五大城市首位并远超其他城市，年均增幅也达到8.45%，居五大城市第二位，这是深圳动能升级指数位列五大城市之首的主要原因。2015~2020年五大城市高技术制造业增加值测评值增长率变化见表6-13。

表 6 - 13　2015～2020 年五大城市高技术制造业增加值测评值增长率变化

单位：%

城市	2015 年	2016 年	2017 年	2018 年	2019 年	2020 年
北京	- 5.83	1.83	10.3	7.57	9.3	10.98
上海	2.43	- 2.81	9.28	0.78	- 0.1	- 0.19
深圳	11.16	11.13	11.22	11.66	10.08	- 4.58
广州	4.16	8.25	- 5.69	6.43	4.65	3.74
重庆	12.6	10	13	10	12	- 5.36

三　北京现代服务业增加值稳步增长，持续领先

在现代服务业增加值测评值方面，2014～2020 年北京持续保持领先优势（见图 6 - 14）。北京现代服务业发展最为迅速，现代服务业增加值测评值始终位列五大城市之首，且增长速度较快，表明北京在优化产业结构、改善投资环境、增强城市功能等方面取得阶段性成果。上海现代服务业增加值的增长趋势与北京大致相同，2014～2020 年始终保持较快速度增长，但测评值与北京相比仍然有较大差距。深圳的测评值略高于广州并在 2020年增速上涨，进一步扩大了自身的优势。重庆现代服务业增加值测评值呈缓慢上升趋势。

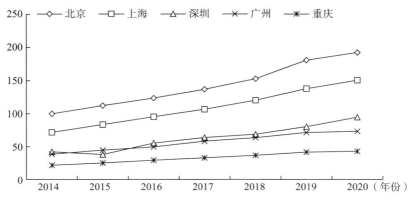

图 6 - 14　2014～2020 年五大城市现代服务业增加值测评值横向比较

2014～2020 年，北京现代服务业增加值测评值的增长量最大，达到 92。上海、深圳、广州和重庆的增长量依次降低，分别为 79、52、35、21。北

京现代服务业增加值测评值的年均增幅达 11.59%，服务业的快速发展是北京动能升级的重要内容，并促进北京动能升级指数的上升。当前，随着北京现代服务业主体的持续扩大，现代服务业已经成为拉动北京经济增长的主引擎、提升国际影响力的主窗口，新动能的引领作用增强，不断为北京经济发展释放新的活力。2015~2020 年五大城市现代服务业增加值测评值增长率变化见表 6-14。

表 6-14　2015~2020 年五大城市现代服务业增加值测评值增长率变化

单位：%

城市	2015 年	2016 年	2017 年	2018 年	2019 年	2020 年
北京	12.40	10.09	10.72	11.70	18.19	6.41
上海	16.23	14.16	11.79	12.91	14.55	9.25
深圳	-10.02	45.74	15.14	7.83	16.80	17.72
广州	15.97	10.42	17.83	9.11	12.40	2.52
重庆	15.97	16.33	12.27	11.82	13.47	2.89

四　北京科技成果转化显著且遥遥领先

在技术合同成交额测评值方面，北京一直遥遥领先于其他城市，居五大城市首位，且总体上与其他城市的差距逐步扩大（见图 6-15）。具体来看，北京技术合同成交额测评值稳步上升，2015~2020 年增长率分别是10.10%、14.14%、13.82%、10.53%、14.88% 和 10.90%（见表 6-15）。上海、深圳和广州的发展情况近似，保持总体平稳、稳中有进的发展态势，每年的技术合同成交额都持续上升。

2014~2020 年，北京技术合同成交额测评值增长量最大，年均增幅为12.40%。2014~2020 年，广州、上海、深圳和重庆的技术合同成交额分别增长 64、37、24 和 -1，重庆在基数较小的情况下出现了负增长，表明其在科技成果转化方面较为薄弱。北京技术合同成交额的持续快速增长表明其在科技成果转化方面具备较大优势，体现出北京对科技创新和科技成果转化的重视程度，反映出北京技术要素市场流动性较强、创新资源配置效率较高的特点和优势。

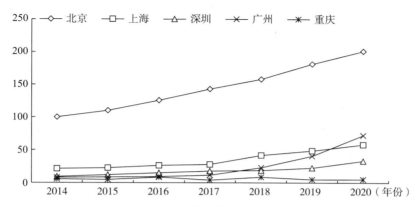

图 6 – 15 2014 ~ 2020 年五大城市技术合同成交额测评值横向比较

表 6 – 15 2015 ~ 2020 年五大城市技术合同成交额测评值增长率变化

单位：%

城市	2015 年	2016 年	2017 年	2018 年	2019 年	2020 年
北京	10. 10	14. 14	13. 82	10. 53	14. 88	10. 90
上海	5. 99	16. 22	5. 43	50. 22	16. 81	19. 25
深圳	30. 13	25. 95	18. 42	4. 96	21. 01	46. 99
广州	7. 75	8. 86	23. 46	101. 22	77. 01	77. 21
重庆	– 16. 91	76. 66	– 52. 72	118. 73	– 43. 53	2. 61

通过对动能升级三级指数进行分析比较可知，北京动能升级指数快速增长主要得益于战略性新兴产业的高速发展，以及北京在现代服务业增加值和技术合同成交额方面的显著优势。深圳动能升级指数一直居于五大城市之首，是由于深圳的战略性新兴产业增加值和高技术制造业增加值远高于其他城市，其对高新技术产业的支持力度与深化布局值得北京市借鉴与学习。建议北京利用财政及金融工具加大对高技术制造业领域的补贴与投融资，加大对智能制造、尖端生物制药、新型能源及集成电路等高技术制造领域人才的培养，加快与高技术制造业有关的"新基建"建设，支持北京高技术制造业相关领域的发展，助力北京动能升级整体水平的提升。

第四节　北京对外开放指数有待提升

　　2020 年，五大城市的对外开放指数排序为：上海、深圳、北京、广州、重庆（见图 6 - 16）。除北京 2020 年相较 2014 年有所增长外，其余四个城市 2020 年的对外开放指数相较 2014 年均呈负增长。面对国际政经领域的诸多不确定因素，五大城市的对外开放情况受疫情影响并不乐观。深圳和上海的对外开放指数远高于其他三个城市，2014 ~ 2019 年深圳的对外开放指数最高，上海于 2020 年超过深圳位列第一。北京和广州的对外开放指数同属第二梯队，北京于 2017 年达到峰值 144。广州的对外开放指数在 2020 年处于第四位，比北京同期对外开放指数低 35。重庆的对外开放指数属第三梯队，2014 ~ 2020 年始终处于五大城市最末位，且相较于 2014 年，2020 年重庆对外开放指数下降 34.45%，是对外开放指数下降最多的城市。

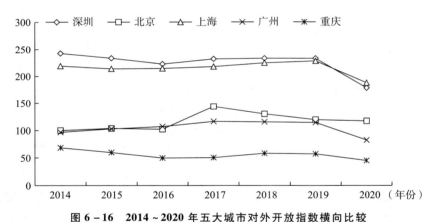

图 6 - 16　2014 ~ 2020 年五大城市对外开放指数横向比较

　　相比于 2014 年，2020 年五大城市对外开放指数的增长量相差较大，其中，深圳负增长最为严重，2020 年比 2014 年下降 65，降幅为 26.64%。北京 2020 年比 2014 年增加 17，增长率为 17%。2017 年，北京对外开放指数比 2016 年增长 40.63%，这是 2015 ~ 2020 年各城市对外开放指数增长率达到的最高水平（见表 6 - 16），凸显了北京处理国际经贸合作的有效性，展现了北京较高的经济开放度、技术开放度和社会开放度。但与此同时，北京对外开放整体情况与深圳和上海仍有一定差距，在对外开放方面仍有较大提升空间。

表 6 - 16 2015 ~ 2020 年五大城市对外开放指数增长率变化

单位：%

城市	2015 年	2016 年	2017 年	2018 年	2019 年	2020 年
北京	3.79	-1.60	40.63	-9.61	-8.17	-1.97
上海	-2.39	0.34	1.55	3.07	1.60	-17.78
深圳	-3.83	-4.69	4.26	0.48	-0.14	-23.49
广州	6.25	4.15	8.47	-0.66	-0.98	-27.91
重庆	-12.91	-16.74	1.27	15.52	-1.66	-21.43

对外开放指数由 FDI 规模、出口规模、进出口规模占 GDP 比重、入境人数四个三级指数加权构成。上海的对外开放指数于 2020 年反超深圳位居五大城市之首，这主要依赖其在 FDI 规模上的突出优势，北京在 FDI 规模、进出口规模占 GDP 比重方面具有一定优势，但在出口规模和入境人数方面尚显不足，仍有较大提升空间。

一 北京外资流入下降幅度较大

在 FDI 规模测评值方面，北京在 2014 ~ 2020 年存在较大波动，上海、深圳和广州总体呈上升趋势，重庆总体呈下降趋势（见图 6 - 17）。具体而言，北京 FDI 规模测评值的稳定性较差，波动最为明显，2017 年 FDI 规模测评值上升至峰值 269 后开始下跌，并于 2019 年被上海超过，位于五大城市第二。上海的 FDI 规模测评值在 2014 ~ 2020 年先上升后下降，而后又上升，2017 年被北京反超，2019 年重回首位，2020 年达到 224。深圳和广州的变化趋势基本一致，2014 ~ 2020 年总体保持缓慢上升，其中深圳在 2019 年、广州在 2020 年略有下降，两个城市始终分别位列五大城市的第三、第四。重庆的 FDI 规模测评值虽在 2014 年与广州相近，却在后续几年出现波动式下滑，始终位于五大城市最末。

相比于 2014 年，2020 年北京 FDI 规模测评值的增长量最大，表明北京对 FDI 具有很大的吸引力。深圳、上海和广州 2020 年相比于 2014 年的增长率分别为 49.58%、11.45% 和 38.73%。上海的 FDI 规模总量虽位列五大城

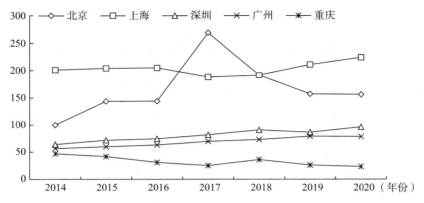

图 6 – 17 2014～2020 年五大城市 FDI 规模测评值横向比较

市之首，2020 年相比于 2014 年的增长量却小于北京、深圳和广州。重庆 2020 年相比于 2014 年的增长量为 – 24，呈下降趋势，增长率为 – 50. 37%，表明重庆对 FDI 的吸引力逐步下降，这对重庆的对外开放具有较大影响。2015～2020 年五大城市 FDI 规模测评值增长率变化见表 6 – 17。

表 6 – 17 2015～2020 年五大城市 FDI 规模测评值增长率变化

单位：%

城市	2015 年	2016 年	2017 年	2018 年	2019 年	2020 年
北京	43.81	0.23	86.72	– 28.85	– 17.91	– 0.74
上海	1.61	0.30	– 8.13	1.72	10.10	6.22
深圳	11.92	3.62	9.94	10.84	– 4.80	11.19
广州	6.06	5.26	10.32	5.11	8.05	– 0.82
重庆	– 10.90	– 26.02	– 18.99	43.79	– 27.24	– 11.16

二 北京出口规模总体呈上升趋势

在出口规模测评值方面，五大城市可分为两个梯队，其中，深圳和上海属于第一梯队，广州、北京和重庆属于第二梯队。2020 年，北京在五大城市中的排名超越广州上升至第三位（见图 6 – 18）。2014～2020 年，深圳的出口规模一直位于五大城市之首，整体处于波动下滑趋势，2014 年达到出口规模测评值最大值 456，2016 年达到出口规模测评值最小值 409。上海的出口规模测评值仅次于深圳，在五个城市中排名第二，整体变化趋势与深圳较为相似。北京和广州总体呈上升趋势，2020 年分别位列五大城市第三和第四，而重庆 2020 年相较 2014 年有所降低，位于第五。北京于 2016 年赶超重庆，又于 2019 年赶超广州，具有较大的发展潜力，总体保持稳中有进的发展态势。

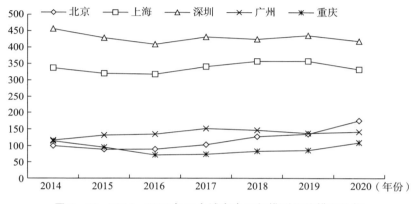

图 6 - 18　2014 ~ 2020 年五大城市出口规模测评值横向比较

北京的出口规模测评值虽比深圳和上海低，2020 年相比于 2014 年的增长量却是五大城市中最高的，达到 75，增长率为 75%。广州 2020 年相比于 2014 年的增长量位列第二，为 25，增长率为 21.43%。上海、重庆 2020 年相比于 2014 年存在小幅下滑，下降量分别为 4 和 5。深圳 2020 年相比于 2014 年下降 37，下跌最为严重，但深圳的出口规模测评值在五大城市中仍然具有突出优势。2015 ~ 2020 年五大城市出口规模测评值增长率变化见表 6 - 18。

表 6 - 18　2015 ~ 2020 年五大城市出口规模测评值增长率变化

单位：%

城市	2015 年	2016 年	2017 年	2018 年	2019 年	2020 年
北京	- 11.34	1.13	15.41	23.12	5.93	29.68
上海	- 4.96	- 0.72	7.32	4.75	0.20	- 7.05
深圳	- 6.02	- 4.48	5.44	- 1.57	2.67	- 3.95
广州	12.69	2.47	12.28	- 3.19	- 6.23	3.15
重庆	- 16.51	- 24.77	2.98	13.09	3.27	26.71

三　北京对外贸易占比稳中有升

在进出口规模占 GDP 比重方面，五大城市的测评值整体呈下降趋势，北京于 2020 年反超上海位居五大城市第二（见图 6 - 19）。五大城市进出口规模占 GDP 比重整体下降，表明国际贸易在我国经济增长过程中的作用有所减弱，也说明我国适时采取扩大内需政策、构建"经济双循环"新格局的重要性和必要性。在五大城市中，深圳和上海作为外向型经济城市，进出口规模占 GDP 比重较高，处于五大城市中的领先位置，但上海于 2020 年被北京反超，成为第三位。上海和北京进出口规模占 GDP 比重测评值的变化趋势在 2014 ~ 2019 年具有相似之处，都在 2015 年、2016 年有所下降，在 2017 年略有回升，2018 年两者表现不同，2019 年又都继续下降。但不同的是，北京相较上海来说，变化更为剧烈，并于 2020 年实现正增长，而上海则延续了此前的下降趋势。广州和重庆始终位列五大城市中的第四和第五。

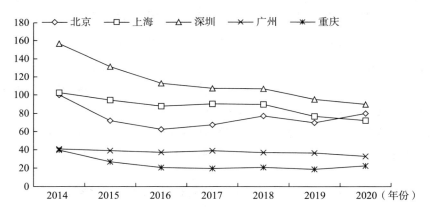

图 6 - 19　2014 ~ 2020 年五大城市进出口规模占 GDP 比重测评值横向比较

相比于 2014 年，2020 年五大城市进出口规模占 GDP 比重测评值普遍下降。其中，深圳下降最多，2020 年比 2014 年下降 67；广州下降最少，下降 8；北京、上海和重庆分别下降 20、30 和 17。事实上，2020 年我国进出口整体规模有所上升，五大城市进出口规模占 GDP 比重下降并非由于城市进出口规模减小，而是因为城市 GDP 上升的幅度大于进出口规模的上升幅度。2015 ~ 2020 年五大城市进出口规模占 GDP 比重测评值增长率变化见表 6 - 19。

表 6 - 19　2015～2020 年五大城市进出口规模占 GDP 比重测评值增长率变化

单位：%

城市	2015 年	2016 年	2017 年	2018 年	2019 年	2020 年
北京	- 28.01	- 13.20	7.70	14.56	- 9.61	14.52
上海	- 7.86	- 6.82	2.65	- 0.59	- 14.44	- 6.19
深圳	- 16.14	- 14.23	- 4.93	- 0.61	- 10.68	- 5.74
广州	- 4.48	- 4.81	4.65	- 5.00	- 1.44	- 9.94
重庆	- 32.11	- 23.17	- 5.02	6.15	- 9.62	19.23

四　北京入境人数呈断崖式下降

从入境人数（衡量国际交往状况）测评值来看，除北京外，其余城市在 2020 年以前整体呈上升趋势，但五大城市入境人数均于 2020 年出现较快下跌（见图 6 - 20），这与新冠病毒感染疫情和世界政经局势变动有关。2014～2019 年，深圳入境人数位列五大城市之首，并远超其他城市，位列第一梯队，整体保持较为平稳的趋势。上海和广州 2014～2020 年的整体发展情况趋于一致，整体入境人数测评值较高，位列第二梯队，但均于 2020年出现大幅下滑，测评值相较 2014 年分别下降 134 和 155。以上三个城市2020 年以前的平稳增长说明，其对境外人士具有较大吸引力。近年来，重庆的旅游业发展较为迅速，入境人数在 2020 年以前出现了较大幅度的增长，测评值从 2014 年的 62 上升至 2019 年的 99。北京自 2014 年起入境人数测评值持续下跌，表明北京对外国游客的吸引力近年来有所减弱。

五大城市 2020 年入境人数测评值相较 2014 年均出现较大幅度的下跌（见表 6 - 20）。其中，深圳的下降最为明显，下降值达 248。上海和广州分别下降 155 和 134，但广州 2020 年入境人数测评值位列五大城市之首。重庆2020 年入境人数测评值相较 2014 年下跌 58，降幅为 94.46%，降幅最高。北京 2020 年入境人数测评值相较 2014 年下降 92，表明北京作为我国的政治中心、文化中心和国际交往中心，受新冠病毒感染疫情影响较大，应根据形势发展，适时采取针对性措施，降低相关影响。

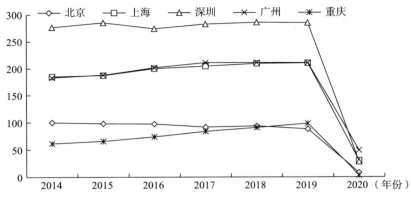

图6-20   2014~2020年五大城市入境人数测评值横向比较

表6-20   2015~2020年五大城市入境人数测评值增长率变化

单位：%

城市	2015 年	2016 年	2017 年	2018 年	2019 年	2020 年
北京	-1.75	-0.83	-5.74	1.99	-5.87	-90.95
上海	1.12	6.77	2.18	2.37	0.39	-85.66
深圳	3.09	-3.90	3.06	1.09	-0.27	-90.13
广州	2.59	7.25	4.48	0.02	-0.13	-76.68
重庆	7.12	12.05	13.19	8.28	8.55	-96.53

第五节   北京优势识别

经济成效指数在一定程度上反映城市的经济产出情况。本章通过对比五大城市经济成效分项指数下的增长数量、增长质量、动能升级、对外开放四个二级指数，分析在财政和金融的协同支持下北京快速发展的经济原因，总结北京在经济发展过程中的优势与经验，为北京经济持续稳健发展注入源源不断的力量。北京在经济成效方面的优势体现在以下几个方面。

其一，在增长数量方面，北京的优势体现在经济发展水平特别是第三产业的发展上。2014~2020年，北京的增长数量指数一直保持着较高水平。GDP的持续增长是北京增长数量指数跃居第一的主要原因之一，这得益于北京在金融服务业、生物医药产业上的提前布局。持续稳定增长的 GDP 反映了北京的经济发展较为稳定。北京的人均 GDP 快速提升并于 2019 年跃居第一。与 2014 年相比，2020 年北京的人均 GDP 测评值增长 54.49%，增长率遥遥领先于其他四个城市。人均 GDP 的提高使居民的生活水平提高和消费不断升级，从而促使北京经济快速发展。2014～2020 年，北京的第三产业占比相对稳定并一直保持领先水平，第三产业早已成为北京的支柱产业，所以北京第三产业占比的变动趋势不是特别明显。2014～2020 年，北京的 GDP 增长率一直下降，并且从 2019 年开始急剧下降。这说明北京的经济发展开始转型，GDP 增长在北京经济发展中的比重逐渐下降。

其二，在增长质量方面，北京的优势体现在生产率的提升和生态环境的改善上。与 2014 年相比，北京增长质量指数提高 67.15%。增长质量显著提升的主要原因是人均可支配收入大幅提升。2014～2020 年，北京人均可支配收入测评值增长 56%，对增长质量测评值的提高贡献最大。PM2.5 测评值的下降对北京增长质量指数的提升有较大贡献。2014～2020 年，北京 PM2.5 测评值下降了近 56%，遥遥领先于其他四个城市，对北京增长质量指数的贡献仅次于人均可支配收入。增长质量提升的第三个原因是单位 GDP 能耗持续降低。2020 年相对于 2014 年，北京单位 GDP 能耗测评值的降幅接近 33%。能源利用效率不断提高，产业生产效率提高，既提高了发展质量，又减少了能源消耗和污染排放。北京的全员劳动生产率测评值也在 2014～2020 年有了显著提升。在高水平的劳动生产率下，北京企业生产技术水平、职工技术熟练程度和劳动积极性提高，相同单位的劳动力产出更高，较高的产出带来相应的居民收入水平提升，并形成较大的有效消费需求，使北京的经济发展具有更大的动力。人均可支配收入的显著提升为经济发展带来源源不断的动力，PM2.5 浓度的大幅下降、单位 GDP 能耗的持续下降，为北京的经济发展提供更好的环境，全员劳动生产率的持续提升为北京的经济发展注入重要的力量，因此北京的增长质量显著提升。

其三，在动能升级方面，北京的优势体现在新产业、新技术的发展上。北京战略性新兴产业高质量发展，现代服务业增加值和技术合同成交额优势明显并实现稳步提升。从五大城市排名来看，北京动能升级指数在 2014 年和 2015 年排名第三，2016～2020 年跃升至第二位，并持续扩大自身领先优势，战略性新兴产业增加值、现代服务业增加值、技术合同成交额的持续提升是北京动能升级指数快速增长和排名提升的主要原因。北京的战略性新兴产业在2019年实现快速发展，表明北京积极落实供给侧结构性改革，成效显著。北京经济已逐步由高速增长阶段转向高质量发展阶段。北京的现代服务业增加值一直位列五大城市之首，第三产业占比在80%以上，现代服务产业发展迅速，服务主体不断扩大，新动能的引领作用不断增强，从而释放出新的生机和活力。北京技术合同成交额测评值位列五大城市之首，并且与其他城市保持较大差距，反映出北京建设科技创新中心的成效显著，体现出北京对科技创新和科技成果转化的重视程度，反映出北京技术要素市场的流动性较强、创新资源配置效率较高的特点，表明北京积极践行创新驱动发展战略，以科技带动产业整体升级，科技创新成果丰硕。

总体来说，北京经济运行平稳，经济规模不断扩大，经济发展质量不断提高，动能升级成效显著，在增长数量和动能升级方面位居五大城市前列，具有较为明显的优势，发展态势良好，增长质量持续提升，体现出北京在高质量发展中取得了阶段性突出成果。在贯彻新发展理念、实现高质量发展的进程中，建议北京进一步保持现有优势，进一步鼓励和发展科技创新，进一步推动第三产业发展，提升能源利用率，继续加快战略性新兴产业和现代服务产业布局。与此同时，北京当前对外开放水平与深圳和上海相比仍有较大差距，有待进一步提升，应充分把握和应对对外开放面临的诸多不确定因素，精准设计国际贸易布局和发力点，不断完善自身产业体系，进一步改善营商环境，积极推动文化与旅游全面深度融合，深入推进数字贸易试验区建设，以实现FDI规模、出口规模、进出口规模占GDP比重及入境人数等方面的提升，使北京在实现第二个百年奋斗目标的伟大征程中再建丰功伟业。

第七章
全球金融科技发展格局与比较分析

2018 年，北京发布《北京市促进金融科技发展规划（2018～2022 年）》，金融科技持续创新发展使北京成为具有全球影响力的国家金融科技创新与服务中心，逐步形成了"首都特色、全国辐射、国内示范、国际标准"的金融科技创新示范体系。2019 年 9 月，第 26 期全球金融中心指数报告[①]首次引入金融科技中心排名，北京在"领先的金融科技中心"排序中位列第一。本章基于全球金融中心指数（GFCI）、GaWC 世界城市名册、科尔尼全球城市指数等从不同维度刻画城市能级和影响力的排名，结合北京作为全国政治中心、文化中心、国际交往中心、科技创新中心的城市战略定位和作为国家金融管理中心和金融改革开放前沿的客观实际，选取纽约、伦敦、巴黎和东京四个城市进行金融科技发展的比较分析。

第一节　全球金融科技发展现状与区域比较[②]

自 2017 年以来，全球金融科技投资规模不断上升。受新冠病毒感染疫情影响，2020 年成为全球金融科技发展的一个重大节点，金融科技的投资结构、行业发展趋势和区域发展形势受到不同程度的影响。本节从金融科

---

① "全球金融中心指数"（Global Financial Centers Index，GFCI）是对全球范围内各大金融中心竞争力最为专业的评价，由国家高端智库中国（深圳）综合开发研究院与英国智库 Z/Yen 集团共同编制。

② 本节基于世界经济论坛于 2015 年发布的 "The Furture of FinTech: A Paradigm Shift in Small Business Finance"，剑桥大学替代金融中心（Cambridge Centre for Alternative Finance，CCAF）、世界银行和世界经济论坛于 2020 年发布的 "The Global Covid－19 FinTech Market Rapid Assessment Report（2020）"，KPMG 发布的 "Pulse of Fintech H2 2019" "Pulse of Fintech H1 2020" "Pulse of Fintech H1 2021" 等研究报告撰写。

技投资方式、行业整合、安全监管等维度总结全球金融科技发展现状与特征，并比较分析美洲地区、亚太地区以及欧洲、中东和非洲地区金融科技发展的地域差异和特征。

一　全球金融科技发展现状与特征

近年来，全球金融科技在技术创新、金融业自身需求和政府推动等多重驱动力下迅猛发展。全球疫情的影响使金融服务与科技进步更深度地融合，金融科技投资方式呈现多样化，金融科技行业在整合中发展，行业韧性在外部冲击下不断提高，安全与监管备受关注，同时呈现公司战略、地域结构的差异化发展特征。

（一）全球金融科技在波动中发展，支付领域持续活跃

自2017年以来，全球金融科技投资规模不断上升，但受疫情冲击后出现波动。2018年和2019年，全球金融科技投资规模（包括风险投资、私募股权和并购）分别达到1479亿美元和2154亿美元，是2017年的2～3倍。金融科技公司的并购、融资等活动井喷式增长，大多数国家的风险投资交易规模中值都在增长。2020年受到疫情冲击，全球金融科技公司的投资总额下降到1215亿美元，交易数量也由2019年的3794宗下降到2020年的3520宗。2021年，全球金融科技投资总额反弹至2100亿美元，并创下5684宗的交易纪录。全球各个地区金融科技相关活动的热度持续上升，金融科技走出了2020年短暂的低谷，重现蓬勃生机和强劲活力。

全球金融科技各领域的投资以支付市场最为活跃，在全球金融科技投资中保持领先地位。新电子商务和非接触式支付在疫情冲击下反而受到互联网消费者的推动而呈增长态势。欧洲、中东和非洲地区的开放银行促进支付投资，改善第三方的数据访问环境，并促进了嵌入式金融等领域的合作。非金融公司也广泛地进入支付行业，将业务范围扩大到支付和金融服务领域，尤其是大型零售企业与金融科技公司展开了广泛合作。例如，宜家收购了Ikano银行的股份以提供消费银行服务，沃尔玛与Ribbit Capital共同创建了一家以提供数字金融产品为主的金融科技公司，Walgreens宣布与MetaBank合作在商店和网上提供银行账户。

（二）全球金融科技投资方式融合发展，公司战略呈现差异化

风险投资是金融科技投资最主要的方式，创纪录的企业风险投资助推金融科技持续发展。全球各地企业提升数字化转型速度，增强数字化能力，促进了金融科技投资方式的多元化，私募股权、跨国并购等投资活动明显增加。私募股权投资更是进入非洲市场，成为该地区继风险投资之后金融科技企业的重要资金来源。跨境并购交易对金融科技的作用体现在单个并购的巨额交易，而非交易数量。此外，跨国并购被成熟型金融科技公司视为在区域或全球层面扩大服务和提升能力的一种手段。

从企业层面来看，受到企业自身规模、发展阶段和发展方式的影响，金融科技公司选择差异化发展战略。成长期公司开展广泛的金融科技投资。初创企业着眼于增长，它们吸引了大量的关注和资金，而且更有希望获得全球投资者的青睐。大型科技公司通过与现有银行建立合作伙伴关系，为客户创造更广泛的体验，但也模糊了金融科技的界限。例如，谷歌宣布与多家银行和信用合作社建立合作关系，包括花旗、BBVA、蒙特利尔银行、斯坦福 FCU 等，以提供与谷歌支付集成的谷歌综合数字银行账户。中型金融科技公司的扩张性较弱，因此通常以提供新产品和服务的方式巩固其市场份额。

（三）金融科技行业在整合中发展，地域结构逐步分化

疫情冲击使金融科技各行业在整合中叠加新兴技术，形成金融科技的新兴领域。随着技术进步，利用算法、人工智能等新兴技术，自动化管理、分配和优化投资组合服务的机器人投顾（Robot Advisor，即机器人投资咨询）呈现爆发式增长。大型公司通过创建有效的批量购买方式、与客户进行数字互动以及完成入职流程，成功降低了投资成本。但支持机器人投顾的基础设施需要进一步建设。此外，区块链/加密货币技术持续发展，亚洲数字资产领域发展较快。

分地区来看，美洲、中东欧和亚太地区的金融科技活动较为活跃且竞争日益激烈，但三大地区的金融科技投融资结构和规模逐步分化。美洲地区的美国，欧洲的英国、法国、意大利和亚太地区的澳大利亚以大型并购交易为主，亚太地区的交易活动则呈现较为活跃和频繁的特征。美洲和欧洲的金融科技投资不断创下新高。2021 年，美洲和欧洲的金融科技投资都创下了新纪录，美洲投资超过 1050 亿美元，交易量为 2660 宗，其中风险投资占 650 亿美元。中东欧地区的金融科技投资达到 770 亿美元，交易量为 1869 宗，其中风险投资达到 300 亿美元，超过 2020 年的两倍。亚太地区的金融科技投资规模较为稳定，2021 年达到 275 亿美元，但交易活动极为活跃，交易量达到 1165 宗。从各地区典型国家来看，英国政府采取了重大举措，推动其金融科技议程向前发展，其在 2020 年预算中宣布了一项金融科技行业战略审查方案，以探讨政府如何支持金融科技增长和提升竞争力。美国的金融科技投资额占全球投资总额的近一半，占美洲地区金融科技投资额的 80% 以上。

在疫情冲击下，亚太国家和地区政府推动数字货币的发展。一是数字资产交换许可开始受到中国香港和新加坡的关注。数字资产交换许可是亚洲资产数字化发展的里程碑。2020 年 4 月 19 日，香港证券及期货事务监察委员会发布了虚拟资产提供商审查监管框架，该框架允许数字资产交换通过新的沙盒方式获得许可和监管。二是中国引领了中央银行数字货币发展。2020 年 5 月，中国启动了四个城市的电子人民币试点，并提议建立一个泛亚稳定联盟，以改善东亚地区的跨境贸易。2021 年上半年，中国扩大了试点项目，包括支付雄安新区部分工人的工资、支付地铁票价以及在北京两家银行进行数字和实物货币兑换。数字货币的发展与"一带一路"倡议的结合，可以真正开启一个全新的代理银行和货币转移的时代。

（四）疫情冲击提升了全球金融科技的韧性，安全与监管备受关注

疫情对全球经济产生了巨大影响，但对金融科技的冲击是短暂的。虽然 2020 年相当数量的新交易活动因疫情而暂停，但金融科技企业的战略性交易基本未受影响。2021 年，金融科技投资公司倍增，全球各个地区对数字平台、数字银行、非接触支付和其他金融科技相关服务的快速需求和使用，促使金融服务公司对金融科技的投资翻了一番。

伴随金融科技的复苏，一方面，网络安全成为金融科技公司的重要议题。网络安全对金融科技公司和传统金融机构而言日益重要，面向金融科技的网络安全投资继续增长。从数据安全出发，随着数据流在不同机构之间开放，需要提升金融科技公司保护运输中或云中数据的能力。从管理安全角度出发，为提供更为有效且以客户为中心的服务，传统金融机构需要借助金融科技公司的生物识别、行为分析等相关技术,提升客户身份管理安全和流程管理创新水平。欧洲一些国家对金融账户持有人的强化审查(Know Your Customer)和客户尽职调查(Customer Due Diligence)日益关注,通过高级数据管理、分析和解释,推动建立法规合规程序和解决网络安全问题。

另一方面,监管科技不断创新。对于金融机构而言,支付系统、隐私保护等相关的监管科技创新有助于自身风险管理能力的提升。对于监管机构而言,监管科技创新推动了金融科技监管工具的创新,提升了监管机构的监管能力和效率。各国进一步规范隐私规则、开放银行制度等金融服务相关法规,监管技术的提高降低了监管机构的监管成本,提升了监管机构的识别能力,尤其是加强了对跨国公司的监管。

二 金融科技分区域发展现状与特征

从全球主要地区来看,美洲地区、亚太地区以及欧洲、中东和非洲地区的金融科技活动较为活跃,同时呈现区域性特征。美洲地区多样化的金融科技投资为金融科技活动提供了多元资金来源,推动了技术的持续创新。亚太地区由科技巨头和平台公司主导的金融科技发展迅猛,尤其是中国金融科技市场在活跃中走向成熟,亚太地区国家政府对金融科技监管能力的重视程度不断提升。欧洲、中东和非洲地区对金融科技生态系统的投资水平不断上升,欧洲金融科技公司呈现多样性和全球化,而新冠病毒感染疫情成为中东地区数字化的机遇。

(一)美洲地区:金融科技投资的多样性推动技术持续创新

金融技术的持续创新,加上数字产品的使用量急剧增加,使得金融科技成为美洲地区最活跃的投资领域之一。美洲各地的投资者对金融科技的兴趣和投资持续增长。金融科技生态系统在美洲的扩散反映了该行业面临的巨大机遇,尤其是在支付领域,投资异常活跃,新型贷款、区块链、保险科技、监管科技或财富科技等领域也呈上涨趋势。2021年上半年,美洲的金融科技投资达到514亿美元,其中风险投资达到310亿美元。

美国是美洲地区金融科技市场最为活跃的国家,投资区域和投资领域的多样性推动了美国金融科技市场的投资。大型公司更为关注加密货币的发展，贝宝在 2020 年末与 Paxos 合作，于 2021 年上半年收购了加密安全公司 Curv。B2B 领域出现了诸多整合，B2B 支付领域相当热门，随着美洲各地的公司从支票支付转向电子支付，B2B 支付领域还有很大的增长空间。

（二）亚太地区：技术市场日趋成熟推动政府提升金融科技监管能力

金融科技投资广布于亚太地区各国。亚太地区受益于 2019 年强劲的金融科技投资，其中，澳大利亚、中国、印度、韩国和越南的交易量较大。中国的金融科技市场正趋于成熟。中国的金融科技经历了 2018 年的大规模投资后，2019 年呈现下降和疲软态势，但市场仍持续活跃。中国的大型科技企业是支付领域的领头羊，它们继续专注于扩大地理范围，在大中华区以外进行投资或发挥作用。

科技巨头和平台公司主导金融科技的发展。亚洲最大的金融科技公司继续取得进展，而较小的金融科技公司在赢利能力和吸引新投资方面尚需努力。拥有强大金融科技产品的平台公司在亚太地区仍然非常热门，许多公司都在努力扩大其广度、覆盖范围和市场份额。在亚洲，平台公司和科技巨头在金融科技领域的活动日益频繁，表明金融科技与其他行业之间的界限正在模糊。在印度，许多金融科技独角兽正在努力成为个人与银行交易之间的核心参与者。在亚太，"先买后付"的产品增长迅速。2021 年上半年，整个亚太地区的支付行业快速发展。

政府强化金融科技监管。近年来，金融科技监管成为亚洲各政府的关注焦点。新加坡出台了《支付服务法》，该法包括监管要求和加密货币交易许可计划。中国香港为数字资产交换创建了一个可选的监管框架。在整个亚太地区，各国（地区）政府继续对加密货币和加密交易所采取差异化监管政策，如中国内地禁止银行提供与密码有关的服务，而中国香港的金融服务和监管当局建议香港所有的虚拟资产交易所都授权给专业投资者负责。

（三）欧洲、中东和非洲地区：多样化和全球化带来数字化机遇

欧洲的金融科技公司呈现多样性和全球化，金融科技公司的多样性又推动了整个欧洲市场的发展。2019 年，欧洲金融科技交易在地理位置和解决方案上都有着惊人的多样性。大型交易增加了投资者对金融科技的兴趣。欧洲的风险投资交易规模中值在所有交易阶段都大幅增长，以专注于利基产品开始的金融科技行业持续扩大其服务范围。新冠病毒感染疫情成为中东地区数字化的机遇。新冠病毒感染疫情是金融科技公司尤其是流动性较弱的企业面临的主要挑战，但同时使资金雄厚的金融科技公司和那些能够快速响应客户不断变化的需求的公司获得快速增长。

金融科技的商业模式更富有驱动力。整个欧洲、中东和非洲地区的消费者对数字产品和服务更加满意，这有助于推动数字银行、保险、财富管理和其他产品的普及，也有助于该地区范围广泛的金融科技公司增长，从而吸引更大的投资。企业投资创历史新高，通过直接投资、收购、与金融科技公司建立合作关系，金融服务业的许多企业都将注意力转向了快速数字化。整个欧洲、中东和非洲地区金融科技生态系统的投资水平都在上升，出现了大量由风险投资支持的独角兽基金和大规模合并。

第二节 纽约：以自律机制引领全球金融科技前沿[①]

纽约在第 27 期全球金融中心指数报告对 15 个城市的金融科技排序中上升为第一，并在之后历次排名中保持首位。纽约金融科技产业的发展，催生出一大批在全球具有影响力的金融科技公司，颠覆了传统的金融业务模式，重塑了金融业格局。美国金融科技投资的地域多样性提振了美国的金融科技市场。在美国金融科技融资交易中，SoFi 公司（5 亿美元 H 轮融资）和 Chime 公司（5 亿美元 E 轮融资）位列前五。除了传统的支付和贷款公司如 SoFi，风险管理软件公司 Axioma、财务绩效管理公司 Onestream、B2B 支付公司、CSI 企业和财务规划平台公司 PIEtech 等都开展了大量的交易。近年来，纽约联储及政府通过成立金融科技咨询小组、组织金融科技论坛等手段，助力美国金融科技的发展，培育出一批在美国国内有竞争力且在世界上具有影响力的金融科技公司。本节将对美国金融科技监督情况进行分析，并对美国金融科技发展的典型案例及金融科技论坛的运作经验进行剖析。

---

① 本节内容基于纽约联邦储蓄银行（简称纽约联储）官方网站公布的金融科技专家小组与纽约联储主席会面的会议纪要（https://www.newyorkfed.org/aboutthefed/ag_fintech.html）、Netguru 于 2020 年发布的"Top 11 Fintech Companies in New York to Watch in 2021"、历届纽约联储金融科技研究会议和纽约金融创新实验室相关研究撰写。

一 纽约金融科技咨询组的行业自律

纽约金融科技行业的发展受纽约联储监督。金融科技咨询组（The Fintech Advisory Group）是受纽约联储赞助的非政府性咨询机构，旨在向纽约联储报告金融科技相关的前沿问题、技术应用和市场影响。该咨询组将对纽约联储的政策制定和监管实施发挥潜在影响。

纽约联储拥有任命和罢免金融科技咨询组成员的决定权。该咨询组由12名成员组成，正常任期为两年。成员构成多样化，包括顶级基金会、风险投资公司、投资银行、知名科技公司、咨询公司、律师事务所等金融科技相关头部企业的负责人。成员由纽约联储全权决定是否连任，每位成员应亲自出席所有咨询组会议，酌情为咨询组的议程设置、讨论和建议做出贡献，并积极参与任何咨询组赞助的项目。

纽约联储主席担任金融科技咨询组主席，负责召开会议，指导议程设置，并监督其赞助的项目的实施情况。纽约联储的一两名工作人员组建秘书处（联合秘书处），负责文件、会议记录和公共通信等基础工作。纽约联储法律小组的一名成员将出席所有咨询组会议。咨询组可设立常设小组委员会或工作组，重点关注具体问题或项目。

金融科技咨询组每年至少召开两次会议。秘书处将为每次会议编制会议议程，并在会议之前分发给各成员。秘书处将保存每次会议的记录，包括与会者名单、所讨论议题、会议发言内容等。秘书处应在每次会议后尽快向小组成员分发会议记录草稿。成员可对会议记录草稿提出异议，并请秘书处登记。小组在解决任何提出的异议后，通过电子邮件通信通过最后会议记录。秘书处一般不迟于每次会议后30天在咨询组网站上公布所有通过的会议记录。会议期间分发或用于演示的其他材料也将发布在网站上。

金融科技咨询组成员参与该小组不会获得报酬。参与咨询小组的纽约联储工作人员须遵守《行为准则》，并与公共政策和联邦公开市场委员会就美联储系统工作人员对外沟通的政策进行沟通。禁止纽约联储工作人员与咨询组成员讨论重大非公开或机密监管信息。纽约联储工作人员在咨询组活动过程中发表的意见或声明仅为参与者的意见或声明，不代表纽约联储或美联储系统的意见。该组织发表的声明并不代表纽约联储或美联储系统的观点。

二　纽约金融科技行业的核心议题

（一）金融服务业的新技术及应用

金融科技咨询组关注云技术的使用，使云技术服务采用率快速提高。例如，Xignite 公司提供云端金融市场数据，帮助新创公司为其数字化平台如网站和移动应用提供实时的市场数据。人工智能使非结构化数据的使用成为可能，使分析师能够专注于更深层次的问题，但模型的可解释性和过去偏见的潜在引入是需要解决的问题。支付技术不断渗透日常活动，但与支付相关的基础设施较为短缺，抑制了纽约支付技术的发展。

此外，金融科技引发金融体系风险的可能性有所提高。一是数据安全风险，数据隐私是最值得关注的领域，其中数据保护和治理是关键。某些技术可能导致集中化市场分裂的风险，亟须建立健全的市场结构。例如，BillGuard 是一家为个人金融业务提供安全服务的公司，公司通过每天扫描个人金融卡的活动，为用户发现隐藏的收费情况、账单错误、误导性的导购活动以及别人发现的骗局等。二是技术的快速变化带来的业务风险，金融科技的发展需要灵活的治理结构，而无法快速更新技术可能会使公司变得脆弱。例如，Personetics 公司专门为金融业提供预测性互动解决方案，公司致力于帮助各类金融机构在各个服务渠道，尤其是在移动网络和平板等领域提供个性化的客户体验。三是监管风险，随着银行的非中介化，金融科技公司将面临更多的监管。

（二）金融科技下的新型监管

金融科技的快速发展需要新型监管。一是由于金融科技和新进入市场者的出现，银行业的定义正在发生变化，监管此类机构的潜在原因很多。美联储在发挥其监管职能时应保护以消费者为中心的企业免受不断演变的风险。通过银行服务分拆、重新捆绑以及监管定义随时间演变等跟上市场格局变化，监管机构研究特定活动中固有的风险以及市场本身带来的风险。与创新同等重要的是，对于具有系统性风险活动的企业应该有更多的监管考虑。

二是监管部门应保持参与，以促进负责任地创新。不受监管的技术创新在传统金融领域的广泛应用会引发金融风险或对技术的过度依赖。例如，将算法应用于信贷分配可能出现新风险和偏差，将人工智能用于金融系统可能造成人对技术的依赖。因此，将技术专业知识纳入监管框架和监管工具包、加快推进金融科技教育和监管部门各级工作人员全员参与监管是极为重要的。此外，虽然修改相关监管法律的难度极大，但可以调整监管导向和方式，由限制性监管转向鼓励金融部门安全和负责任创新的引导性监管。官方部门应界定其认为可取的创新及其想要缓解的风险，在技术中立的基础上，明确传达监管部门想要实现的目标。

（三）新冠病毒感染疫情对金融科技服务和产品的影响

新冠病毒感染疫情虽然对一些行业的发展造成了冲击，但也刺激了金融科技产品和服务的发展，同时，需求迅速扩大和系统支撑滞后之间的矛盾带来了相关风险。居家办公为人工智能、高级数据分析、云服务和数字支付等创造了巨大需求，需要监管部门及时了解相关风险。在疫情冲击下，金融系统的运营弹性尤为重要。从支撑金融科技生态系统运行的基础设施来看，早期投资云设施的企业相较于投资大型计算机的企业在疫情中能够更迅速地恢复，体现了金融科技基础设施对于企业韧性的重要作用。金融科技生态系统的脆弱性和风险性还体现在对现存金融机构基础设施、投资资金、网络技术等的依赖，包括既有设施、资金和技术不足以支撑金融科技的快速发展。

疫情对金融科技行业具有长期影响。在疫情期间采取的行动可能会刺激金融服务业进一步数字化。银行对某些金融科技服务提供商的依赖可能会增加，新的供应商风险评估方案可能会出台。因此，许多在疫情之前构建的金融科技工具和应用程序可能需要重新测试和调整。但金融科技并购活动可能会增加，因为那些资产负债表和现金流状况较好的金融科技公司会增加并购活动。

（四）人工智能和机器学习的广泛应用与风险管理

机器学习和人工智能在金融科技中得到广泛应用，包括订单自动化执行、定价、风险管理、模式识别、投资组合构建、押注规模设置和资产配置，以及信用评级分析、欺诈检测、情绪分析等。公司在能够正确地使用人工智能和机器学习技术并获得人工智能和机器学习的好处之前，应具备一定的基本条件。许多公司正开始使用更复杂的云策略，包括多云策略。

从网络安全的角度来看，数据保护和治理以及密码学的重要性有所提升。

在实施人工智能和机器学习的潜在风险方面，从业者面临的挑战之一是创建既有用又准确的机器学习案例。本质上，人工智能越复杂、越准确，就越难解释。数据选择可能会产生不同的结果，有时会导致歧视，因此，模型的数据收集可能会产生重大后果。检查数据的设备很重要，因为它既评估缺失的值又确定间隙，并试图理解数据在特定方向上的偏差。新冠病毒感染疫情导致工作环境的转变，基于纸张的系统可能需要进行审查和数字化。小企业、信用合作社和社区发展金融机构中有许多人面临着技术和流动性的压力，机构必须积极地转向和采用在线解决方案，以继续维持运营和为客户提供服务。金融机构还必须重新定义来自二级市场或由社区控制的流动性来源。

（五）新冠病毒感染疫情对普惠金融的影响

在新冠病毒感染疫情期间，信用合作社一直处于贷款的第一线，以确保成员能够获得所需的资金，疫情加速了这些机构利用金融技术采用数字银行解决方案。例如，根据《护理法案》创建的工资保护计划（PPP）为小企业提供了关键资金，但PPP资金中相对较小的比例分配给了小于15万美元的贷款。在项目开始时，小企业和银行面临的一个重大挑战是漫长的申请时间。然而，通过与金融科技公司的合作，信用合作社能够显著减少申请时间。中央银行数字货币可能有助于解决与金融不平等和获得金融服务有关的摩擦，在批发领域可能会带来效益，但在零售领域却会变得更加复杂和微妙。

（六）支付生态系统中的创新

在零售支付领域，嵌入式支付方式不断发展，支付活动被捆绑在商业软件平台上，并越来越多地被直接捆绑在面向客户的应用程序中。这种集成可以带来更全面的客户体验和更高的客户保留率。零售支付数字化是先进的，软件解决方案中的嵌入式支付可能会继续推动企业对企业支付的数字化，后者仍然依赖于较慢的人工支付方式，如ACH。销售点融资在电子商务的背景下有所增长，提高了实时承销客户的能力，但目前尚不清楚这些融资安排是否遵循审慎的信贷风险管理标准。嵌入式融资的出现可能使未来的支付从信用卡交易转向直接账户对账户交易，银行可能面临日益增加的竞争压力和收入压缩。

国际清算银行（BIS）和金融稳定委员会（FSB）在跨境支付领域已经制定明确的未来发展规划，旨在应对各种支付挑战，如成本、速度、访问和透明度。这些挑战在零售和批发支付及汇款方面持续存在。这项工作包含了关于未来支付、现有支付基础设施、数据和市场实践的一套全面的目标。这项工作的下一步包括持续参与行业活动。延长支付走廊和调整实时结算总营业时间是一个重大挑战，流动性、互操作性和交易链的长度也是重大挑战。纽约创新中心（NYIC）是通过国际清算银行和纽约联储之间的战略合作伙伴关系建立起来的，其关键目标是使用风险投资工作室模式为美联储系统提供创新执行能力。

纽约金融科技咨询组对于纽约金融科技相关政策和监管措施的制定发挥潜在的影响。纽约金融科技咨询组成员来自金融科技投资方、技术方、产品方等多维度的头部企业和集团的负责人，他们引领纽约甚至全球金融科技行业的发展，将行业发展最及时的信息、最前沿的创新、迫切需要解决的问题，以及他们对金融科技的洞见与纽约联储主席进行讨论。纽约联储在获得信息的同时，也受到金融科技咨询组的影响。从历次讨论的议题可以看出，技术创新与应用、行业监管和新冠病毒感染疫情的冲击与影响这三个主题备受关注。业内负责人和政府部门对技术创新的态度较为复杂，既希望保护金融科技创新，又担心新型技术的应用引发金融系统风险，因此需要通过监管规避风险。但监管相关法律的修改和制定难度极大，纽约联储通过引导的方式对金融科技行业实施监管，金融科技咨询组在监管者与被监管者之间起到了"桥梁"的作用。

第三节　伦敦：以监管改革引领金融科技持续发展[①]

伦敦是世界金融和专业服务公司最集中的城市之一，有 2100 多家金融

[①] 本节基于伦敦金融城公司发布的 "London and the UK's Global Offer to Business：Innovative Ecosystem" "London's Equity Capital Markets Ecosystem" "Powering the Fintech Revolution"、伦敦金融城公司和普华永道（PwC）共同发布的 "India-UK Reg Tech Landscape"、Ron Kalifa OBE 撰写的 "Kalifa Review of UK Fintech"、London & Partners 发布的 "Fintech Trends of the Future" 撰写。

科技公司，是全球金融科技公司最多的城市，金融科技 50 强排名前十的公司中有六家总部位于伦敦。伦敦金融科技的发展格局是全国性的，通过培育并连接全国金融科技集群，为金融科技公司提供巨大的客户和合作伙伴池，使它们能够以最快的速度利用新的机遇进行创新，以应对不断变化的需求。而伦敦全景式的监管改革，为金融科技的持续发展营造了竞争与创新生态。伦敦金融科技的优势与特征体现在以下三点：一是伦敦金融城领先的商业智库 Z/Yen 集团创建全球金融中心指数（GFCI），该指数产生了巨大的影响力，已经成为全球金融科技行业的风向标；二是伦敦具有全国性的金融科技发展战略，以伦敦作为全球第二大金融中心吸引了投资者，构建了另外 9 个与伦敦高度关联的金融科技集群，以一种全国性战略提升英国金融科技群的全球影响力；三是金融科技行业受益于伦敦这个全球最大的监管技术市场和最多样化的金融服务集群生态系统。

一　伦敦金融科技发展战略架构

伦敦金融科技发展战略是英国金融科技发展战略的重要构成内容（见表 7 - 1）。伦敦金融科技发展战略由政策法规、资本吸引力、国际竞争力、国家连通性和人才支撑五部分构成。无论是在监管、支付、人工智能还是国际联系方面，英国政府都能持续地为创新企业提供支持性和培育性的环境。有效的政策、监管和投资将扩大企业规模，强大而多样化的人才库为初创企业提供了在全球扩张的人力支撑。英国有关金融科技的政策和监管方法处于全球领先地位，尤其是在监管沙盒的应用上。随着企业、技术和解决方案的扩展，政府需要确保政策和监管方法不仅能继续保护消费者，还能创造一个促进增长和竞争的有利环境。英国有丰富的金融科技人才库，并获得世界一流的大学系统支持，同时，多达 67% 的英国金融科技公司认为人才是发展的优先事项。伦敦通过一系列研发税收抵免吸引企业投资，通过创建"金融科技增长基金"和改善上市环境来吸引机构资本。

表 7 - 1　伦敦金融科技发展战略

战略	举措
政策法规	提供数字金融一揽子计划，为新兴技术创建新的监管框架

续表

战略	举措
政策法规	实施"标箱"，支持专注创新技术的公司
	建立数字经济工作组（DET），以确保政府之间的一致性
	确保金融科技是贸易政策的一个组成部分
资本吸引力	扩大研发税收抵免、企业投资计划和风险投资信托业务
	释放机构资本，创建了价值10亿英镑的"金融科技增长基金"，作为发展世界领先生态系统的催化剂
	通过减少流通股和双类股、放宽优先购买权，改善上市环境
	创建全球金融科技指数体系，以提高该行业的知名度
国际竞争力	为金融科技公司提供国际行动计划
	推出国际"金融科技信用投资组合"（FCP），以提高国际信誉和商业便利性
	通过金融、创新和技术中心推动国际合作，并成立国际金融科技特别工作组
国家连通性	培养十大金融科技集群的高增长潜力
	通过金融、创新和技术中心推动国家协调战略
	通过研发等进一步投资，加快金融科技集群的发展和增长
人才支撑	再培训和提高技能，确保以低成本获得高质量教育提供商的短期课程
	创建新的签证流，增加招揽全球人才的机会
	通过支持金融科技扩张，为继续教育和高等教育学生以及创业者提供嵌入式实习机会，建立金融科技人才管道

资料来源：基于 Ron Kalifa OBE 撰写的"Kalifa Review of UK Fintech"整理。

二 伦敦金融科技的监管措施

众多的金融科技、保险技术和合法技术风险投资以及金融和科技初创企业，反映了伦敦充满活力的市场和创新的商业环境。伦敦在金融和专业服务方面的创新主张是独一无二的，是全球唯一一个拥有全方位创新生态系统的金融中心。依托可持续的金融和技术服务，企业可以进入全球互联的市场，利用人才和技能库，并受益于强有力的监管和政府支持。正是这些因素的相互作用，使伦敦成为世界领先的金融和专业服务创新中心。这种独一无二的环境帮助企业取得成功，并塑造了金融服务行业的未来。伦敦拥有全方位的金融技术服务、深入广泛的市场活动，能够获得世界级的人才和技能，以及支持性的监管环境。虽然美国金融和专业服务领域的活动更多，但各州之间缺乏监管协调和支持，增加了企业的合规成本。亚洲的金融中心受益于创新的监管生态系统，但缺乏市场规模和活动。

英国是世界上推进大量监管改革的少数几个国家，其进行监管的措施有《金融工具市场指令》（MiFID）、《欧洲市场基础设施监管规则》（EMIR）、《巴塞尔协议 III》和《支付服务指令》（PSD）等，这些都是为了提升金融系统的流动性和透明度而引入的。英国在监管和合规举措中越来越多地使用技术，这造成了网络欺诈和金融犯罪等新的风险，这使监管当局进一步寻求技术创新，以更加谨慎和高效的方式实施监管。监管技术正处于突破的前沿，有可能改变行业的合规方法并创造附加价值。监管机构的支持、数字变革的动力、不断增加的投资以及寻求与大型科技公司一起满足需求的初创企业的激增，促进了监管技术的发展。英国的监管技术解决方案每年约有 500 亿英镑的销售市场。监管技术公司为了保持合规性，必须处理数亿页详细的监管文本。

三 监管技术的发展

自 2008 年严重影响英国的全球金融危机以来，英国监管机构对其现有监管进行了一系列系统性改革，出台了一系列关于审慎风险（如流动性）和行为风险的新法规，但在监管实施中与现有法规保持一致的不确定性、合规成本较高的现实使对金融科技行业的监管面临挑战，监管技术的发展则提供了解决方案。

作为金融机构推动数字化转型的关键要素，监管技术能够加强合规性并降低风险，降低法规遵从性的固定成本并提高效率，加强对客户的保护，还可以挖掘监管技术的潜力，如提供有价值的业务洞察力、为客户提供更好更快的服务、推出新产品和服务。英国的监管技术行业快速发展（全球 50% 以上的初创企业位于英国），并正在为将新技术引入合规领域铺平道路。

英国监管机构在发展监管技术行业方面发挥了重要作用。作为市场的积极参与者，监管机构发布征求意见，并与监管技术参与者举行会议、制定加速器计划，以制定将技术用于满足受监管公司需求的方法。监管机构正在开发"机器执行报告"，将法律写成代码，并研究如何在监管过程中实施 ML 技术和 NLP 技术。

另一种经常使用的技术是监管沙盒。部署沙盒是为了支持新兴行业的发展，帮助监管机构理解，并为测试创新解决方案提供受控环境。在此基础上，英国金融行为监管局（Financial Conduct Authority，FCA）于2014年启动了创新项目，旨在帮助创新者了解监管体系，并增进消费者利益。监管沙盒是一个安全的空间，企业可以在其中测试创新产品、服务、商业模式和交付机制，而不必承担参与活动的常规监管后果。2016年，英国金融行为监管局收到了约69家公司的申请，最终确定24家，涵盖零售银行、保险、咨询和分析以及首次公开发行（IPO）等行业。在被接受的24家公司中，有18家（包括汇丰银行和劳埃德银行集团）已被英国金融行为监管局确认为准备开始测试。英国金融行为监管局不仅与这些公司合作，就测试参数和建立客户保障达成一致，还进行了短期、小规模的测试。其余6家公司将被FCA视为监管沙盒计划第二阶段的一部分。

监管技术和监管端的结合是为了应对各种供求因素。其中，供给因素主要由技术进步推动，监管技术有可能重塑监管机构与市场参与者之间的关系。例如，API等技术正在促进市场参与者更高效地提交监管数据，而监管机构正在寻求开发AI和ML工具，以加强市场监督，提高发现欺诈行为的能力。监管机构、最终用户公司和监管技术参与者可以遵循的一些最佳实践是：注重技术创新，并对监管变化进行积极审查；与不同行业的监管机构进行协调、合作和有效沟通；在快速发展的监管环境中增加员工和监管人员的知识。协作模式是与监管生态系统中所有参与者合作的新方式，从长远来看将帮助所有参与者。表7-2列示了一些金融机构间的典型协作模式。

表7-2 金融机构间的协作模式

协作模式	示例	共同利益
银行-银行	开发针对合规性的ML工具（NLP、AI）	对规则进行统一解释，降低合规成本
银行-初创企业	投资监管技术，培育加速器	通过使用更先进的技术使初创企业更快、更高效地实现合规发展
银行-监管机构	印度的KYC（Know Your Customer）系统	确保在遵守KYC准则的前提下为客户提供更快的服务

续表

协作模式	示例	共同利益
银行 – 供应商	基于认知科学的监管科技	利用先进技术提升监管科技水平
银行 – 监管机构 – 初创企业	为监管报告设立分布式账本	推出经得起未来考验的有效解决方案，满足所有相关方的需求
监管机构 – 启动	监管沙盒，监管加速器	允许初创企业使用新的监管科技测试创新商业模式
监管加速器	监管机构合作	协调跨境政策，促进全球银行和金融科技公司的发展

资料来源：基于伦敦金融城公司和普华永道共同发布的"India-UK Reg Tech Landscape"、Ron Kalifa OBE 撰写的"Kalifa Review of UK Fintech"整理。

第四节　巴黎：以绿色金融引领金融科技全球话语权①

　　作为国际金融中心、世界商务与创新中心，巴黎拥有大量的《财富》500 强企业、企业总部、中小企业、开拓性的初创企业和世界级的竞争力集群。巴黎通过汇集大公司、中小企业、初创企业、学术界和相关行业研究人员激发了合作，建立了开放创新伙伴关系，大力发展高增值服务业和高科技制造业。巴黎是欧洲研发支出最多的城市，且主要由私人公司支出，占到总支出的 1/3。巴黎拥有世界级的基础设施，为发展金融科技提供高效便捷的服务。巴黎强大的数字生态系统为金融科技数字化服务奠定了基础，巴黎拥有密集的数据中心和电信基础设施，使用密度在欧洲排名第四，无论是城市还是农村都基本实现了"光纤到家"。巴黎具备国际化、高质量的劳动力，尤其是在科技、信息和通信、金融和保险服务领域，高素质人才总量和占比均位居欧洲前列。巴黎是全球引领和推广绿色发展理念的城市，大力宣传环境保护、生物多样性及节能减排等绿色理念。高研发支出、世

---

①　本节基于 Finance for Tomorrow 发布的"Fintechs：acteurs-clés de la transition écologique et énergétique（2019）""Créer un terrain fertile pour renforcer la contribution des Fintechs à la transition écologique（2020）""Fournir des solutions digitales pour ettre la finance au service de la transition écologique（2021）"、Choose Paris Region 发布的"Five Reasons to Invest in Creater Paris"和 Plug and Play 发布的数项金融科技公司案例研究撰写。

界级基础设施、强大的数字生态系统、充裕的高素质劳动力构成了巴黎雄厚全球竞争力的基础，绿色发展则通过将这些发展基础与金融科技发展融合，充分释放了巴黎的全球竞争力。

一 巴黎金融科技生态系统

巴黎有欧洲最大的金融科技生态系统，包括充足的风险投资资金、多元化的金融市场主体、密切的公私合作网络、世界一流的技术和金融人才、泛欧交易所（见图 7-1）。巴黎依托 Speedinvest、Kima Ventures、Truffle Capital、Breega 等风险投资公司筹集到充足的风险投资资金，这些大型风险投资公司为巴黎金融科技相关创业公司提供融资服务。在充足的投资资金保障下，新创的金融科技企业蓬勃发展，不断促进服务数字化和 IT 灵活性的提高，同时也提升了传统银行进行金融创新的主动性，使巴黎金融体系吸收了多元化的金融市场主体。多元化的金融市场主体意味着市场运行机制更为复杂，市场监管机构需要与金融市场主体进行深入、定期的互动以及时了解被监管主体的动态，这推动了巴黎公共和私营部门合作网络的构建。世界一流的技术和金融人才与泛欧交易所是巴黎金融科技生态系统的两大引擎。人工智能、网络安全、大数据和应用数学领域的顶尖研究人员不断加入巴黎的金融科技生态圈，使该地区成为行业内的领军者。金融科

图 7-1 巴黎金融科技生态系统

技公司可以通过巴黎第九大学、巴黎综合理工学院、巴黎高等商学院等高
等院校的顶级金融工程项目招聘到最优秀的人才，高素质劳动力为巴黎金
融科技生态系统提供了持续的创新原动力。泛欧交易所是进入欧洲资本市
场的重要门户，是欧盟市值和股票交易价值最大的证券交易所，为巴黎金
融生态科技系统提供了持续的流动性。

二　巴黎金融科技孵化平台

巴黎有一系列培育金融科技项目的孵化平台，引导和培育新创企业在
巴黎金融科技生态系统下持续成长。巴黎较为著名的金融科技孵化平台有 6
家。Le Swave 平台是法国第一家致力于金融科技业务的创新平台，它拥有
50 多家初创企业，促进开放式创新，并与大公司和机构合作。BNP Paribas
Plug and Play 平台汇集了一批银行、保险和金融科技专家，为金融科技企业
提供定制化服务。Le Village by CA Paris 平台是一个联结初创企业和大中型
企业的商业加速器，它与 40 多家公司紧密合作，帮助初创企业成长。Plat-
form 58 平台是法国邮政银行（La Banque Postale）的孵化器平台，这个创新
平台为初创企业提供了 3200 平方米的市中心办公空间，促进初创公司与其
合作伙伴之间的联系。Le Hub 平台将保险科技公司与法国保险行业协会联
系起来，为初创企业提供创业空间，鼓励其开发创新产品和服务。金融创
新集群为国内外金融技术圈提供支持，并帮助成员间建立良好的伙伴关系，
其 600 个成员包括创新型中小企业、银行、保险公司、大学、研究实验室和
公共机构，主要使命是清除金融生态系统中的主要障碍，帮助当地公司抓
住机遇获得融资。

三　巴黎金融科技行业全球论坛

巴黎金融科技行业的发展与应对全球气候变化、绿色发展密切相关，
借助《巴黎协定》开展的气候金融日（Climate Finance Day）和巴黎金融科
技论坛（The Paris Fintech Forum），是两大重要的全球活动。

气候金融日每年 10 月在巴黎举行，对应于《巴黎协定》的目标，该活
动的重点是探讨保障企业绿色转型的资金需求、识别绿色项目、监测环境
风险、披露环境信息等方面的金融科技解决方案。气候金融日被认为是金

融行为者支持气候和全球可持续金融的"承诺催化剂"，是动员世界金融业做出进一步承诺，共同应对气候变化的重大年度活动。在气候金融日上，会展示公共和私营行为体为实现《巴黎协定》设定的目标而实施的最具创新性的解决方案。在每年的气候金融日上，都会汇聚金融业、监管当局以及中央银行的高级别代表，代表们围绕气候金融发表相关演说，互相交流。气候金融日的组织方为"明日金融"倡议组织，该倡议组织旨在使绿色和可持续金融成为巴黎金融中心的核心驱动力。"明日金融"倡议组织旨在使金融资本流动转向低碳和包容性经济。该组织汇集了代表整个金融生态系统（包括银行、投资者、保险公司、专业机构、金融外评级机构、咨询公司、智囊团、非政府组织等）、市政当局（巴黎市和巴黎地区）和公共当局（经济与财政部和生态与包容性转型部）的80多名成员和国际观察员。

巴黎金融科技论坛是欧洲最独特的金融科技行业性论坛，2017年以来每年在巴黎举行，探讨金融科技领域最前沿的问题和金融科技各个细分行业的未来发展方向。该论坛最大的特色是汇集了全球顶尖金融科技公司的首席执行官、欧洲主要国家财政和金融部门官员、各大银行负责人等，基于论坛提供的主题演讲、行业论坛、创新与创业沙龙等构建合作网络。为适应当下形势，2021年的巴黎金融科技论坛有所变化，将年度论坛改为季度论坛。冬季论坛、春季论坛和夏季论坛分别结合当时热点问题设置了差异化主题演讲、互动圆桌会议、企业展厅和网络交流会议，秋季论坛重点增加了金融科技奖的颁布。巴黎金融科技论坛通过网络申请等开放的形式，吸引了相关行业的企业和领导者。该论坛向世界发出了引领金融科技行业发展的巴黎声音，不断强化巴黎在全球金融科技行业的话语权，参与企业也可通过论坛中丰富的活动设计开展合作。

四　巴黎金融科技与绿色金融紧密融合

金融行业积极促进向可持续增长模式的转变，并有助于发挥金融中心的全球竞争力。巴黎金融中心的银行、保险公司和资产管理机构已经在这方面采取了许多行动，可持续金融正成为其战略的核心焦点。在应对气候变化的关键问题上，2015年的第21次缔约方会议中，巴黎是第一个认可关于温室气体排放影响的科学共识并据此做出相应承诺的金融中心。气候金融日连续举办展示了巴黎的承诺。巴黎致力于在 21 世纪中叶为"零碳排放"的目标做出贡献。巴黎金融公司共同发起倡议，展示其对绿色和可持续金融的承诺。2017 年，在巴黎发起了"明日金融"倡议，金融界、企业和公共当局之间进行了建设性的对话。这一倡议动员并联合了巴黎金融中心的参与者。气候金融日成为每年的例会。2019 年第二届"明日金融"挑战赛的主题是"金融科技是生态和能源转型的关键参与者"，2020 年第三届"明日金融"挑战赛的主题为"创造肥沃的土壤，加强金融科技对生态转型的贡献"。

在巴黎金融科技与绿色金融结合的过程中，相关参与者做出了贡献。为了帮助参与者采取负责任的投资方式，法国保险联合会发布了一系列指南。法国银行实施了退出煤炭行业的政策，不再为涉及煤矿开采或燃煤电厂的新项目提供融资。资产管理公司多年来一直支持可持续发展，在投资政策中考虑到 ESG 标准。

传统金融行业主体引领和推动行业内的联合。2017 年 12 月，法国银行成立了一个由中央银行和银行监管机构组成的网络——绿色金融系统网络。该网络在不到 18 个月的时间里，成员从 8 个增加到 40 个以上。2019 年 4 月，该网络发布了第一份完整的报告，向政策制定者、央行和银行监管机构提出了 6 项建议，有助于更有效地衡量金融系统内的气候风险，并推动能源转型的有序融资。"明日金融"倡议在巴黎与上海共同主持的可持续发展金融中心（FC4S）网络的建立中发挥了重要作用。如今，FC4S 聚集了 25 个金融中心，大多数来自经合组织成员。巴黎金融中心的企业已经制定了内部政策，旨在减少与其自身业务相关的环境足迹。针对碳中和的目标，它们采取了一套有效措施来减少消耗，并提高其建筑施工和员工出行的能源效率。

第五节　东京：以战略规划引领金融科技实现突围[①]

日本非常重视金融科技产业的发展，并具有发展金融科技的明显优势。

[①]　本节基于 FinCity. Tokyo 发布的"FinTech Market in Japan"、Advisory Panel 发布的"Global Financial City Tokyo Final Review"、东京都政府发布的"Global Financial City：Tokyo Vision"、Office of the Governor for Policy Planning 公布的"Accelerator Program for Nurturing of the FinTech Industry"等相关研究和政策撰写。

东京作为日本的首都，具有得天独厚的区位条件，吸引了大量金融科技企业集聚。金融科技也被作为巩固东京全球金融中心地位的重要抓手，在东京都政府发布的《"全球金融城：东京"愿景——走向东京金融大爆炸》中，提出了东京四大城市愿景之一即"专注于资产管理和金融科技的全球金融城市"。东京通过制定明确的金融科技战略稳定金融增长，并打造国际金融都市。在金融科技战略引导下，构建了企业、人才、政府相互作用的金融科技政策体系，培育金融科技生态系统。

一　东京金融科技战略导向

东京金融科技发展势头强劲。一方面，日本十分重视金融科技的发展，金融科技计划在东京不断发展，带动了金融科技相关行业的蓬勃发展，为东京稳定经济增长提供了新的引擎；另一方面，东京都政府十分重视国际金融都市的建设工作，日本致力于将东京打造成国际金融都市。

（一）发展金融科技，稳定经济增长

振兴金融业、发展金融科技产业对于促进东京的经济发展是必不可少的。发展金融科技以及金融业对于稳定东京经济增长的必要性主要体现在以下两个方面。首先，从鼓励东京市民有效使用个人金融资产的角度来看，振兴管理这些金融资产的金融业，以及促进金融科技这一为金融服务带来创新的前沿领域的发展是必不可少的。其次，从宏观经济的角度考虑，目前日本金融和保险业占GDP的比重不超过5%，该比例翻一番达到10%时，将接近英国的水平，此时日本的GDP将增长约30万亿日元，可见金融业的发展将有效带动日本宏观经济的整体发展。并且，日本和外国的各种金融服务公司都集中在东京，在重振金融产业的同时，物联网、人工智能和金融科技等具有未来增长潜力的前沿领域也将通过积极提供风险资本而得到刺激。因此，无论是从东京市民个人的角度还是从东京整体宏观经济发展的角度来看，振兴金融业、发展金融科技产业都是东京经济增长战略的核心，是促进东京经济发展的必由之路。

（二）明确定位，打造国际金融都市

东京都政府发布的《"全球金融城：东京"愿景——走向东京金融大爆炸》提出了建设国际金融都市的四大愿景。东京打造国际金融都市的四大

愿景主要包括：第一，东京将成为日本的金融中心，成为供应多样化的个人金融资产的枢纽城市，为日本和亚洲其他地区的发展提供资金；第二，东京将成为一座吸引世界各地优秀金融专业人士、资金和信息以及拥有尖端金融技术的金融公司的城市；第三，东京将成为一个专注资产管理公司和金融科技公司发展的国际金融都市，资产管理公司和金融科技公司的增长将重振东京的金融业；第四，东京将成为一个有助于解决社会问题的国际金融都市。为了实现上述目标，东京将采用 ESG 投资原则发展金融产业。未来，东京都政府将与国家政府和相关私营部门合作，采取具体行动以实现建设国际金融都市的美好愿景。可以看出，日本致力于将东京打造成国际金融都市，东京都政府也十分重视国际金融都市的建设工作，在这一过程中，东京的金融科技势必会得到相应的支持与发展。

（三）实施激励政策，培育金融科技企业

为了实现发展金融科技、打造国际金融城市的战略目标，东京出台了一系列政策支持金融科技产业发展，其中培育金融科技企业是主要的战略导向。金融科技企业是金融科技市场中最活跃的主体，可以有效激发城市的金融活力，带动其他高新产业发展。东京采取了综合性的政策措施培育金融科技企业。在外部环境上，东京致力于打造良好的市场环境，改善监管方式，吸引人力资本，培养金融科技发展的创新生态。在企业内部，东京实施了一系列扶持激励政策，降低金融科技企业的税收，打造企业交流平台，实施企业激励项目，扶持金融科技企业发展。

二　东京金融科技发展规划与政策

立足金融城市建设的四大愿景，东京都政府致力于建设金融中心，培养金融专业人士，吸引资金与金融市场参与者。站在数字化时代的起点，金融与科技正在实现新一轮的融合，由技术驱动的金融科技产业应运而生，为金融产业赋能。因此，重振东京金融业、发展金融科技产业尤为重要。为此，东京都政府制定了一系列推动金融科技发展的战略。

（一）推动东京金融科技生态系统构建

为营造良好的市场环境，推动企业创新，东京都政府致力于构建金融科技生态系统，通过监管沙盒、开放 API 以及上市交易等方式进一步营造良

好的市场环境。构建金融科技生态系统，可以进一步整合科技与金融资源。金融科技生态系统可以聚集日本银行、资产管理公司以及学术界的专业人士进行交流学术，从而构建多种产业协同的跨产业生态圈。金融科技生态系统的跨产业整合，有助于金融科技资源的有效配置，推动金融科技行业顺应技术潮流的发展。

在行业监管方面，东京都政府采用"监管沙盒"以营造良好的市场环境。通过划定范围，对"监管沙盒"内的企业采取审慎包容的监管措施，还可以避免问题扩散到"监管沙盒"外面，即在可控的范围内实行容错纠错机制，并由监管部门进行全程监管，以保证其安全性。同时，区域内的政府、相关机构之间也需要加强合作，共同营造良好的市场环境。日本在API方面的技术相当先进，东京都政府支持并投资开放API，可以为东京金融机构和金融科技公司的合作服务奠定良好基础，为金融科技公司与银行的合作提供便利。

（二）制定金融科技企业加速器计划

为吸引国外金融科技企业，东京都政府启动加速器计划。该计划可以加深外国公司对日本市场的了解，吸引国外企业的技术与资金投资，重振东京金融业。2017年，该计划共收到来自16个国家52家公司的申请，通过严格的审查程序，共有8家外国公司入选该计划。2018年，东京都政府为鼓励一流公司参与，制定了进一步的激励措施。参与2018年项目的企业有机会与东京一流的公司进行业务匹配，同时政府还会提供各种资源，包括提供办公空间、提供笔译或口译支持等。2019年，东京都政府继续激励一流外国公司的参与，通过选拔，共有12家公司被选入该计划。2020年，东京都政府在"全球金融城：东京"的愿景下，又制定了针对亚洲金融科技初创公司的加速器计划。该计划将接受拥有最新金融科技技术和商业模式公司的申请，并鼓励东京投资者以及企业参与该商业计划，最后通过外国公司以及东京公司之间的业务配对完成商业计划。最终，来自亚洲9个国家和地区的52家公司提出申请，共8家公司被选为亚洲金融科技初创公司参与该计划，通过举办商业计划推介活动、指导和业务匹配，支持企业在东京实现未来业务发展。

（三）以税收激励和服务便利推动金融科技行业发展

东京都政府为鼓励金融科技发展出台了一套税收激励政策，为金融科技企业提供税收优惠。企业税是海外金融公司选择是否在东京开展业务的一个重要的成本因素，而东京的实际企业税率要高于新加坡、中国香港等地。为此，东京都政府提议将资产管理公司和金融科技公司列入国家战略特区符合税收减免条件的企业名单。减免税收的重点对象是开展资产管理业务以及金融科技业务的企业，这得益于资产管理业务和金融科技业务发挥的重要作用，资产管理业务可以为国民建立稳定资产，向成长型产业提供风险资本，金融科技公司可以为更复杂的金融服务和成长型产业的发展提供新的商业模式，在金融领域发挥着至关重要的作用。东京都政府持续要求降低企业税，减少企业税务负担，为金融科技行业的发展提供良好的环境，极大地增强了东京金融市场的吸引力和竞争力。

东京一站式创业中心（TOSBEC）的成立为金融科技公司提供了便捷，进一步助力了东京金融科技的发展。东京一站式创业中心的成立，旨在为希望在东京开展业务的外国公司提供一站式服务。总的来说，东京一站式创业中心的成立能够进一步为东京的金融科技发展助力。

（四）培育东京金融科技人才支撑梯队

东京都政府不仅致力于吸引并培育国内外金融企业，还高度重视金融专业人士的培养，通过市场创新和商业竞争向东京居民提供低成本、高质量的金融服务和产品。东京都政府通过各种方式吸引国外企业，助推国内外金融领域发展。为吸引国外企业，尤其是资产管理和金融科技公司，东京都政府出台激励措施、放松规章制度、鼓励企业采用公私合营的方式，设立东京金融奖项、引入新兴项目。在培养金融专业人才方面，东京在稳步推进东京都大学商学院金融硕士项目的同时，也举办反映金融科技和ESG投资等社会实际情况的研讨会，推动与研究机构的合作，培养金融专业人才。同时，东京都政府为培养了解国际金融现状以及金融市场实际工作的人员，经过国内外多方协调，将员工派遣到金融机构的国外分公司，有计划地培养精通全球金融市场的人才。

此外，东京都政府也致力于提升东京市民的金融素养。据统计，日本1800万亿日元的个人金融资产中，仍有很大一部分以银行存款和其他类似形式持有。为了建立稳定的个人金融资产，提高市民的金融素养，东京都的开放大学为东京市民举办有关资产建设的入门课程。2017年，其与日本金融厅和卫生劳动福利部合作，为东京市民举办了资产构成研讨会。2018年，举办了一场女性金融素养研讨会。

第六节　全球四大城市金融科技发展对北京的启示

对比分析纽约、伦敦、巴黎和东京四个城市金融科技的发展状况可以看出，全球领先的金融科技中心城市有其鲜明的特征。纽约作为全球金融科技中心城市之首，金融科技相关投资和并购等的商业行为活跃，安全和监管等方面的底层技术不断创新，引领了全球金融科技发展的前沿。纽约在GFCI首次金融科技排名中落后于北京、上海，位居第三，在GFCI第二次金融科技排名中反超北京、上海位居第一，并在之后的六次排名中始终保持在第一位。其中一个重要的原因是，其在纽约联邦储备银行引领下建立了由金融行业、新兴技术行业、高端服务业的头部企业负责人组成的金融科技咨询组，该咨询组对与金融科技相关的前沿技术、新型监管、应用场景、风险管理的超前认知和战略建议极大地推动了纽约金融科技的发展。伦敦在主动监管理念下，通过革新监管制度、监管技术保护金融科技公司的创新成果并推动金融科技公司持续发展。英国的金融科技发展形成了以伦敦为绝对核心、多个金融科技集群与之配合的发展格局。巴黎的金融科技是在一系列孵化平台的培育下发展起来的，基于《巴黎协定》框架，巴黎不断完善金融科技生态系统，并将绿色金融与金融科技深度融合，形成了多元而稳定的金融系统网络。东京金融科技的发展是基于东京打造国际金融都市的城市定位，通过城市规划、产业规划将金融科技深度融入东京的城市发展、产业发展、企业培育和人才培养。四大城市在金融科技发展中相同的一点是将扩大国际影响力、提升全球话语权作为着力点。纽约通过在世界各国运营金融科技相关跨国公司和国际性机构而具有最高的全球联系度；伦敦通过最广泛地集聚金融科技公司和发布全球金融中心指数而拥有最大的国际影响力；巴黎通过引领和推广绿色发展，将绿色金融作为金融科技的发展之锚而在欧洲大陆拥有绝对话语权；东京通过深挖其作为亚洲金融资产枢纽的城市功能奠定了区域性金融科技中心的地位。

北京金融科技自发展之初便处于全球领先的地位，虽然北京金融科技发展依然保持全球领先，但面临纷繁变化的国内外环境。从全球来看，只有美国和中国有多个城市进入全球前十位金融科技中心，纽约、旧金山、洛杉矶、波士顿和芝加哥占据了全球前十位金融科技中心的五个席位，其中纽约相较另外四个城市具有绝对优势，伦敦则以举国之力支撑其在金融科技方面的绝对优势。从国内来看，在国内机构对金融科技发展的评价中，北京通常位列第一。基于 GFCI 排名，北京、上海和深圳是中国进入全球前十位金融科技中心的城市，但北京已被上海反超，并且北京相对深圳的优势持续弱化。从表 7 - 3 可以看出，北京金融科技发展的起步早于上海和深圳，但随着上海和深圳的快速发展，北京需要精准识别其在金融科技发展中的绝对优势和比较优势，以推动金融科技持续发展并保持领先。北京作为国家金融管理中心，需要发挥首都的金融治理职能，将自身建设成为具有全球影响力的国家金融科技创新与服务中心。因此，一方面，需要基于首都的金融治理职能，加强金融科技全球标准的制定与设计，推进全球财富管理中心建设，优化国外金融科技企业和机构入驻北京的国际化营商环境，为北京金融科技的发展提供充足的国际资源；另一方面，需要基于北京的经济发展职能，促进金融科技底层技术的创新与发展，深度融合数字经济与金融科技，激发监管和创新相互促进的化学反应，为首都金融治理职能的发挥打下坚实的基础。

表 7 - 3　北京、上海和深圳金融科技相关规划对比

城市	金融科技相关规划	主要目标
北京	《北京市促进金融科技发展规划（2018~2022年）》	2022 年底，涌现 5~10 家国际知名的金融科技领军企业，形成监管科技、智能金融等 3~5 个具有国际影响力的金融科技创新集群，在金融服务、安全监管、生活服务和城市治理等领域开展 10~15 个金融科技重大示范应用项目。打造金融科技规范发展的"首都样板"。支持 100 家有影响力的提供金融技术服务与外包的初创企业发展

续表

城市	金融科技相关规划	主要目标
北京	《北京市"十四五"时期金融业发展规划》	到2025年，金融业增加值1000亿元左右，境外上市公司数量1000家左右，金融机构不良率持续低于全国平均水平。发挥"金融＋科技＋数据"叠加优势，形成"监管沙箱"北京经验
上海	《上海国际金融中心建设"十四五"规划》	到2025年，金融市场交易总额2800万亿元左右，人民币金融资产、重要大宗商品等"上海价格"在国际市场接受度更高、影响力更大，集聚50家左右金融科技龙头企业
深圳	《深圳市金融科技专项发展规划（2022~2025年）》	到2025年，集聚培育10家以上国际知名的金融科技领军企业，国家级金融科技基础设施平台增至5家，在芯片、算法等重点领域和关键环节的效能稳步提升，取得深港澳金融科技师资格人数达到1000人

参考文献

［1］北京市财政局：《北京市 2020 年市级决算》，2021。

［2］中国人民银行营业管理部：《北京市金融运行报告(2021)》，2021。

［3］Advisory Panel. Global Financial City Tokyo Final Review. 2017.

［4］Business Finance, Cambridge Centre for Alternative Finance (CCAF), World Bank, World Economic Forum. The Global Covid – 19 FinTech Market Rapid Assessment Report (2020). 2020.

［5］Choose Paris Region. Five Reasons to Invest in Creater Paris. http://www.paris-region. com. cn/h-col – 110. html.

［6］City of London Corporation. London and the UK's global offer to business：Innovative ecosystem. 2020.

［7］City of London Corporation. London's Equity Capital Markets Ecosystem. 2020.

［8］City of London Corporation. Powering the fintech revolution. 2020.

［9］Ctiy of London Corporation, PwC. India-UK RegTech landscape. 2019.

［10］Finance for Tomorrow. Fintechs：acteurs-clés de la transition écologique et énergétique (2019). 2019.

［11］Finance for Tomorrow. Fournir des solutions digitales pour ettre la finance au service de la transition écologique (2021). 2021.

［12］Finance for Tomorrow. Créer un terrain fertile pour renforcer la contribution des Fintechs à la transition écologique (2020). 2020.

［13］FinCity. Tokyo. FinTech Market in Japan. 2021.

［14］Fintech Advisory Group. https://www. newyorkfed. org/aboutthefed/ag＿fintech. html.

［15］KPMG. Pulse of Fintech H1 2020. 2020.

［16］KPMG. Pulse of Fintech H1 2021. 2021.

［17］ KPMG. Pulse of Fintech H2 2019. 2020.

［18］ London & Partners. Fintech Trends of The Future. 2021

［19］ Netguru. Top 11 Fintech Companies in New York to Watch in 2021. 2020.

［20］ Office of the Governor for Policy Planning. Accelerator Program for Nurturing of the FinTech Industry. https：//www. jetro. go. jp/en/invest/newsroom/2020/7243 a300c9e917af. html.

［21］ PLUG AND PLAY. Case Study on Fintech Services. https：//www. plugand- playtechcenter. com/fintech/.

［22］ Ron Kalifa OBE. Kalifa Review of UK Fintech. 2021.

［23］ Tokyo Metropolitan Governmen. Global Financial City：Tokyo Vision. 2017. World Economic Forum. The Furture of FinTech：A Paradigm Shift in Small, 2015.

附录一
指标体系与数据来源

"财经支持指数"简称"财经指数"。"财经指数"由"金融支持分项指数"、"财政支持分项指数"和"经济成效分项指数"三部分构成,旨在综合评价涵盖增长数量、增长质量、创新水平和开放程度的北京综合经济成效的现状和发展趋势,以及经济成效中金融支持和财政支持的作用和贡献,综合考察实体经济、财政、金融三者之间的协同支持发展水平,深度分析财政和金融支持实体经济发展的水平和实体经济发展成效。本书选用层次分析法构建指数体系,共有三级层次,包括3个一级指标、12个二级指标以及48个三级指标(见表A1)。

表A1 北京财经指数指标体系框架

一级指标及权重	二级指标及权重	三级指标	数据来源
1 金融支持 (30%)	11 金融实力 (30%)	111 各项存款余额	城市统计年鉴
		112 金融机构资产总额	金融运行报告
		113 金融机构法人数量	金融运行报告
		114 上市公司数量	金融运行报告
	12 金融支持力度(30%)	121 社会融资规模增量	金融运行报告
		122 新增贷款	金融运行报告
		123 新增债券融资	金融运行报告
		124 新增股票融资	金融运行报告
	13 金融可持续性(20%)	131 各项贷款余额与各项存款余额的比值	城市统计年鉴
		132 各项贷款余额占 GDP 比重	城市统计年鉴
		133 金融业增加值	城市统计年鉴
		134 不良贷款率	金融运行报告

一级指标及权重	二级指标及权重	三级指标	数据来源
1 金融支持（30%）	14 金融支持效度（20%）	141 金融业增加值占 GDP 比重	城市统计年鉴
		142 人均新增贷款	金融运行报告
		143 企业存款占各项存款余额比重	城市统计年鉴
		144 技术合同成交额与新增贷款的比值	城市统计年鉴
2 财政支持（30%）	21 财政实力（30%）	211 一般公共预算收入	一般公共预算收入决算情况表
		212 土地出让收入	政府性基金收入决算情况表
		213 债务收入	政府性基金收入决算情况表
		214 政府财力	一般公共预算总收入 + 政府性基金收入 + 国有资本经营预算收入
	22 财政支持力度（40%）	221 一般公共预算总支出	一般公共预算支出决算情况表
		222 公共性支出	一般公共预算支出决算情况表
		223 经济性支出	一般公共预算支出决算情况表
		224 创新类支出	一般公共预算支出决算情况表
	23 财政可持续性（15%）	231 土地出让收入占一般公共预算收入比重	政府性基金收入决算情况表、一般公共预算收入决算情况表
		232 税收收入占一般公共预算收入比重	政府性基金收入决算情况表、一般公共预算收入决算情况表
		233 政府债务余额占 GDP 比重	地方政府债务相关情况表
		234 一般公共预算收入与一般公共预算总支出的比值	一般公共预算收入、支出决算情况表
	24 财政支持效度（15%）	241 GDP 与一般公共预算总支出的比值	一般公共预算支出决算情况表
		242 公共性支出占一般预算总支出比重	一般公共预算支出决算情况表
		243 人均一般公共预算支出	一般公共预算支出决算情况表
		244 R&D 支出占 GDP 比重	城市统计年鉴
3 经济成效（40%）	31 增长数量（20%）	311 GDP	城市统计年鉴
		312 第三产业占比	城市统计年鉴
		313 GDP 增长率	城市统计年鉴
		314 人均 GDP	城市统计年鉴

一级指标及 权重	二级指标及 权重	三级指标	数据来源
3 经济成效 （40%）	32 增长质量 （30%）	321 全员劳动生产率	GDP/从业人口
		322 单位 GDP 能耗	城市统计年鉴
		323 PM2.5	城市统计年鉴
		324 人均可支配收入	城市统计年鉴
	33 动能升级 （30%）	331 战略性新兴产业增加值	城市统计年鉴
		332 高技术制造业增加值	城市统计年鉴
		333 现代服务业增加值	城市统计年鉴
		334 技术合同成交额	城市统计年鉴
	34 对外开放 （20%）	341 FDI 规模	城市统计年鉴
		342 出口规模	城市统计年鉴
		343 进出口规模占 GDP 比重	城市统计年鉴
		344 入境人数	城市统计年鉴

附录二
指标权重与计算方法

一 权重确定与标准化处理

本书采用层次分析法和专家打分法构建财经指数。在构建好合适的层次结构后,采用专家打分法,对各级指标的重要程度进行两两比较,形成判断矩阵,并计算得出各指标权重。

为更好地研究北京财经指数的发展情况和变化,需要将特定考评年份的指数进行横向、纵向分析。因此,需要先对各年份各地区的三级指标进行标准化处理。

我们选取 2014 年北京的各项指标为基期,设定其值为 100。然后计算出其他年份及地区的指标实际值与基期值的比值,并乘以 100,得到标准化后的各指标值。具体计算公式如下:

$$P_{it} = \frac{y_{it}}{y_{bj2014}} \times 100$$

y_{it} 为 i 城市某指标在 t 年的实际值,y_{bj2014} 为某指标 2014 年北京的实际值,P_{it} 为标准化后的指标值,其中,$i = bj$,sh,gz,sz,cq,$t = 2014$,$\cdots$,2019。

二 指数合成

本书采用指数加权法对低层级的指数进行综合加总,得到高层级指数。指数加权法的公式为:

$$S_i = \sum P_{ij} \times W_{ij}$$

S_i 代表第 i 个指数,P_{ij} 是第 i 个指数第 j 项基础指标经过标准化处理后的值,W_{ij} 为该项基础指标所对应的权重值。财经指数具体计算步骤如下。

第一步：以 2014 年北京数据作为基期，对 48 个三级指标进行标准化处理；

第二步：运用公式 $S_i = \sum P_{ij} \times W_{ij}$，计算得到 12 个二级指标。此时 i 表示二级指标（$i = 1$，…，12），j 表示每个二级指标下的三级指标（$j = 1$，2，3，4）；

第三步：在二级指标得分基础上运用公式 $S_i = \sum P_{ij} \times W_{ij}$，计算得到 3 个一级指标。此时 i 表示一级指标（$i = 1$，2，3），j 表示每个一级指标下的二级指标（$j = 1$，2，3，4）；

第四步：在一级指标基础上，运用公式 $S_i = \sum P_{ij} \times W_{ij}$，计算得到财经指数。此时 i 表示财经指数（$i = 1$），j 表示一级指标（$j = 1$，2，3）。

图书在版编目（CIP）数据

北京财经发展报告. 2021~2022：北京财经指数 /
李向军等著. -- 北京：社会科学文献出版社，2023.2
ISBN 978 - 7 - 5228 - 1454 - 4

Ⅰ. ①北⋯　Ⅱ. ①李⋯　Ⅲ. ①地方财政 - 研究报告 -
北京 - 2021 - 2022　Ⅳ. ①F812.71

中国国家版本馆 CIP 数据核字（2023）第 027687 号

北京财经发展报告（2021~2022）
——北京财经指数

著　　者 / 李向军　李姗姗　林光彬　闫昊生

出 版 人 / 王利民
组稿编辑 / 恽　薇
责任编辑 / 颜林柯
责任印刷 / 王京美

出　　版 / 社会科学文献出版社·经济与管理分社（010）59367226
　　　　　　地址：北京市北三环中路甲 29 号院华龙大厦　邮编：100029
　　　　　　网址：www. ssap. com. cn
发　　行 / 社会科学文献出版社（010）59367028
印　　装 / 三河市尚艺印装有限公司

规　　格 / 开　本：787mm × 1092mm　1/16
　　　　　　印　张：13.75　字　数：220 千字
版　　次 / 2023 年 2 月第 1 版　2023 年 2 月第 1 次印刷
书　　号 / ISBN 978 - 7 - 5228 - 1454 - 4
定　　价 / 138.00 元

读者服务电话：4008918866